삶의 현장에서 깨달음을 실현해 가는 단계적「불교수행교본」
성인 – 수계과정

삶의 현장에서 깨달음을 실현해 가는 단계적「불교수행교본」
성인 - 수계과정

•

김재영 지음

불광출판부

### 책 머리에

**불교수행 교본은**

① 가정, 직장 등 삶의 현장에서 홀로 공부하는 청년·대학생·직장인·주부 등 불자들과 법회에서 함께 정진하는 대중들을 위한 실천적이며 단계적인 수행교본입니다.
② 성인과정은 다음 4단계로 구분됩니다.
   • 1단계 : 성인-수계과정〈4개월〉
   • 2단계 : 성인-기초과정(상)(하)〈1년〉
   • 3단계 : 성인-중급과정(상)(하)〈1년〉
   • 4단계 : 성인-고급과정(상)(하)〈1년〉
③ 성인-수계과정 「이 기쁜 만남」은 일반불자들이 삼귀의 계를 받고 입문하여 오계를 받기까지 공부해야 될 기본수행과정을 제시한 책입니다. 우리는 이 과정을 이수한 다음 오계를 받아지니고 「수계불자」가 될 것입니다.
④ 「이 기쁜 만남」은 대중불교 신론〈1〉「은혜속의 주인일세」 I 편을 수행교본으로 개편한 것입니다.

**공부하는 법은**

① 이 「수행교본」은 자학자습하거나, 법회에서 법사님의 지도를 받으며 함께 공부할 것입니다.
② 먼저 본문을 공부하고, 각 과 말미에 있는 '내용익힘'을 풀면서 요점을 정리할 것입니다. 한 달 한번씩 법사님이나 선배불자님에게 보이고 조언을 받으면 더욱 좋을 것입니다.
③ 깨달음을 실현하는 불교수행은 단순한 교리·이론공부가 아닙니다.
   각 과마다 한 가지씩 제시되어 있는 '실천수행'을 힘껏 실행하고, 각 장의 '창작', '법담의 시간'을 대중들이 함께 열심히 시도할 것입니다.
④ 1주 1과씩 차례따라 공부할 것입니다.

**책머리에**

**서장** ················································ 성스러운 만남을 위하여

그리운 품속으로 12
수행안내-'수계불자'로 가는 길 13

**제1장** ················································ 야! 바로 이거다

젊은 야사스의 환호 18

**제1과 어서 오라, 벗이여!**
바다의 눈 먼 거북이 21
사람몸으로 태어나서 23
안 가보면 모릅니다 24
회향발원/찬불가/내용익힘/교리탐구/실천수행 26

**제2과 발등 위에 떨어진 불**
나 스스로 죽어가면서 29
백 년 뒤 당신은 어디 있는가 30
우리 삶을 사랑하기 때문에 32
회향발원/찬불가/내용익힘/교리탐구/실천수행 33

**제3과 내 인생은 나의 것**
생명은 스스로 주인 35
피조물이 어찌 참 생명인가 37
성도는 스스로 주인되는 길 39
회향발원/찬불가/내용익힘/교리탐구/실천수행 42

### 제4과 영생불멸을 얻는 사람들
명백하고 구체적인 길 44
사형수의 잔잔한 미소 47
벗이여, 어서 일어나셔요 49
회향발원/찬불가/내용익힘/교리탐구/실천수행 51

### 단원정리 53
의식 ① 법회 54
의식 ② 입문식 56

## 제2장 ················· 임은 왜 맨발로 오시는가?
로히니 강변의 기적 62

### 제5과 '나는 진리의 왕, 위없는 스승'
나는 승리자, 위없는 스승 65
나는 진리의 왕 67
부처님의 열 가지 칭호 70
회향발원/찬불가/내용익힘/교리탐구/실천수행 71

### 제6과 놀라운 기적을 보이시다
스승이시여, 힘이 넘치는 이여 74
열여덟 가지 신비한 능력 76
기적을 열어 보이시다 78
회향발원/찬불가/내용익힘/교리탐구/실천수행 80

### 제7과 으뜸가는 승리자
진리가 최선의 기적 82
악마의 정복자 84
으뜸가는 용사 87
회향발원/찬불가/내용익힘/교리탐구/실천수행 89

### 제8과 누더기 한 벌과 바리때 하나
맨발로 밥을 비시는 부처님 91
이 세상을 바꾸려는 열망 때문에 95
혼자서 맛있는 것을 먹는다면 98
회향발원/찬불가/내용익힘/교리탐구/실천수행 100

단원정리 103

제3장 ……………………임은 지금 어디 와 계시는가?

바카리의 마지막 소원 108

### 제9과 법을 보는 자는 나를 보리라
깨친 이의 몸은 영원한 것 109
진리광명으로 몸을 삼으시고 111
항상 함께 하시는 114
회향발원/찬불가/내용익힘/교리탐구/실천수행 116

### 제10과 무수한 국토 위의 무수한 부처님
마지막 한 생명을 위하여 118
미묘하고 찬란한 모습으로 120
넓고 넓은 광명의 세계 121
회향발원/찬불가/내용익힘/교리탐구/실천수행 123

### 제11과 신(神) 가운데 신, 사람 가운데 사람
하늘과 땅 위에 125
신의 모습으로 인간의 모습으로 128
온 누리에 비할 자 없어라 131
회향발원/찬불가/내용익힘/교리탐구/실천수행 133

### 제12과 문 밖의 부처님을 맞이하라
왜 보지 못하는가 136
죽을래야 죽을 수 없는 몸 138
마음의 문을 열고 141
회향발원/찬불가/내용익힘/교리탐구/실천수행 144

단원정리 146
의식 ③ 조석예불 147

## 제4장 ·········· 부르면 곧 응답하시는가?
얼음장 위로 솟아나는 버들강아지 154

### 제13과 눈도 버리고 손발도 버려
우리들의 염원 따라 157
몸을 버리는 황금사슴 159
진실한 자기희생을 통하여 161
회향발원/찬불가/내용익힘/교리탐구/실천수행 164

### 제14과 보살님들, 천백억 화신들
천백억의 몸으로 166
낱낱이 진실한 몸으로 168
부처님의 분신들 171
회향발원/찬불가/내용익힘/교리탐구/실천수행 173

### 제15과 어머니 관세음 보살들
겨레의 어머님 '관세음' 175
천의 눈, 천의 손으로 177
이 놀라운 영험의 역사들 180
회향발원/찬불가/내용익힘/교리탐구/실천수행 182

### 제16과 내 스스로 보살이 되어
무서워 말고 두려워 말라 184
이웃들이 부처님 화신인데 187
일심으로 불러요 189

**단원정리** 193
의식 ④ 오계 수계식 194

## 부록

**독송**
- 예불문 200
- 반야심경 204
- 나의 기원 206
- 불자 하루송(頌) — 아침기도 207
- 평화를 위한 발원 — 저녁기도 208

**찬불가**
- 삼귀의 210
- 찬양합니다(둥글고 밝은빛) 211
- 청법가 212
- 우리의 기도 213
- 사홍서원 214
- 산회가 215
- 정근송 217
- 오라 친구여 218
- 새 법우 환영가 220
- 불교도의 노래 221
- 무소의 뿔처럼 222
- 거룩하신 삼보 224
- 임의 숨결 226
- 고마우신 부처님 227
- 석가모니불 228
- 진리의 행진곡 229
- 법신 찬양가 230
- 예불가 231
- 부처님께 기원합니다 234
- 자비방생의 노래 236
- 보현행원 238
- 관세음보살 239
- 관세음의 노래 241

## 서 장

## 성스러운 만남을 위하여

"오늘 우리는 눈부신 태양을 보고
아름다운 새벽을 만나
상쾌한 기분으로 일어났다.
거센 흐름을 건너 번뇌의 때가
묻지 않은 부처님을 만났기
때문이다."

-숫타니파아타 사품/설산에 사는 자-

### 1. 그리운 품속으로

***1.*** 벗이여, 어서 오셔요.

친구여, 어서 이리로 와서 앉으셔요.

우리는 지금 청결한 자리 하나 마련해 놓고 당신을 기다리고 있습니다. 여기 이 친구들이 당신을 맞이하기 위하여 골목길에 황토를 뿌리고 마당을 쓸고, 여기 이렇게 예쁜 꽃 한 송이를 마련해 놓고 있습니다.

벗이여, 서먹서먹해 하지 마세요. 어색해 하지 마세요. 우리는 모두 낯익은 얼굴들 아닙니까. 수많은 세월, 우리는 서로 어버이며 자녀, 형제며 자매, 친구며 동료, 이렇게 어울려 함께 살아오지 않았습니까.

벗이여, 정말 잘 오셨습니다.

이제 당신께서는 옛집으로 돌아온 것입니다. 그리운 옛 고향, 어머님 품속으로 돌아온 것입니다.

***2.*** 이 만남은 보통일이 아닙니다. 장님이 오랜 어둠에서 깨어나 찬란한 태양을 바라보듯, 이제 우리는 눈부신 부처님을 보고 아름다운 첫새벽을 맞이하게 되었습니다. 오랜 어둠속의 방황을 청산하고 새 인생의 첫새벽을 맞이하게 되었습니다. 저 히말라야 '설산(雪山)'의 구도자들과 같이, 벗이여, 이 성스러운 만남을 노래하지 않으렵니까.

"오늘 우리는 눈부신 태양을 보고
아름다운 새벽을 산다
상쾌한 기분으로 일어났다.
거센 흐름을 건너 번뇌의 때가 묻지 않은
부처님을 만났기 때문이다."

***3.*** 벗이여, 이리로 나오셔요. 우리 부처님께 인사 드려야지요. 마

냥 뵈온 부처님이시지만, 매일같이 새로운 부처님, 꽃 한 송이 공양 올리며 친견 인사 드려야지요.

## 2. 수행안내 – '수계불자'로 가는 길

**4.** 깨달음을 향하여 정진하는 보리공부에는 일정한 단계가 있고 단계마다 수행해야 할 일정한 과정(課程)이 있습니다. 우리는 이러한 단계를 '보리단계' 이러한 과정을 '수행과정'이라고 일컫습니다.

**5.** 보리단계의 첫단계는 '수계제자 단계'입니다.

 부처님 문[佛門]으로 들어서려면 먼저 삼귀의계를 받고 곧 이어서 오계를 받는 것이 초기불교 이래의 오랜 법도이며 부동의 전통입니다. 삼귀의계·오계를 받아 지님으로써 우리는 참된 불자, 불제자, 부처님 제자가 되는 것이며, 불보살님들의 한량없는 가피(加被), 가호(加護), 곧 은혜로운 보살핌을 받으면서 깨달음의 길로 행진할 수 있는 것입니다.

 '수계제자' 되는 것이 우리들의 첫목표입니다.

**6.** 수계제자 단계에서 공부해 내어야 할 수행과정을 우리는 '오계 – 기초과정', 또는 '기초과정'이라고 일컫습니다. 오계공부가 모든 수행의 기초가 되기 때문입니다.

 기초과정의 주요 내용은 다음과 같습니다.

※ 오계-기초과정 '수계제자 단계' 내용

|  | 기준기간 | 기본불경 | 교 본 | 수행요건 |
|---|---|---|---|---|
| 삼귀의계 | 1개월 〈4주〉 | 「숫타니파아타」 | 「불교수행교본」 성인-수계과정 「이 기쁜 만남」 1장 이수 | ①법회 4회 이상 동참 ②「불교수행교본」의 1장 이수 ※'입문식'을 열고 삼귀의계를 받는다. |
| 오 계 | 3개월 〈12주〉 | 「숫타니파아타」 | 「불교수행교본」 성인-수계과정 「이 기쁜 만남」 2장~4장 이수 | ①법회 10회 이상 동참 ②「불교수행교본」의 2~4장 이수 ③3회 이상의 자원봉사 실천 ※'수계식'을 열고 오계를 받는다. |

# 야! 바로 이거다

"벗이여, 그대들은 나를 좋은 벗으로 삼아,
늙어야 할 몸이면서도 늙음으로부터 벗어날 수 있다.
 병들이야 할 몸이면서도 병으로부터 벗어날 수 있다.
죽어야 할 몸이면서도 죽음으로부터 벗어날 수 있다.
 고뇌와 근심과 슬픔을 지닌 몸이면서도
고뇌와 근심과 슬픔으로부터 벗어날 수 있다."

-상응부경전-

제1장 야! 바로 이거다   17

**이끄는 말**

이제 우리 불멸(不滅)을 얻었어라

① 벗이여, 지금 우리들의 가슴은 처음 선보는 젊은 그들처럼 마구 설레이고 있습니다. 무엇인가 좋은 일, 기쁜 일이 다가올 것만 같은 예감으로 가벼운 흥분마저 느낍니다.
그렇습니다. 부처님을 만나는 것은 좋은 일, 기쁜 일, 실로 가슴 설레이는 경사입니다.

② 무엇 때문인가? 부처님을 만나 뵙는 일이 그토록 기쁜 것은 대체 무엇 때문인가? 부처님은 내게 무엇을 주시는가? 아니, 부처님을 통하여 부처님과의 만남을 통하여 우리는 무엇을 얻을 수 있는가? 이제 우리들의 이 지루한 일상에 뭔가 새로운 변화는 일어날 것인가? 늙고 병들어 죽어가야 하는 이 운명적 절망 속에 정녕 희망의 빛은 밝아 올 것인가?

③ 1장은 「새로운 만남의 장」입니다.
이 장을 읽으면서 만남의 의미를 곰곰 생각해 보셔요. 이 만남이 내 인생을 어떻게 변화시켜 놓을 것인가를 고요히 명상해 보셔요.
'그래, 부처님을 맞이해야지, 부처님께 돌아가야지.'
이렇게 생각되거든 조용히 삼귀의를 외우셔요. 벗이여, 당신은 정녕 영원히 죽지 않는 불멸의 문을 열었습니다.

## 젊은 야사스의 환호

야사스(Yasa, 耶舍-야사)는 바라나시(Bārāṇāsī 城)의 한 부호의 아들이다. 계절따라 별장을 달리하며 유희하던 야사스는 어느날 우기(雨期) 별장에서 아름다운 여인 악사들과 어울려 놀다가 지쳐 깊은 잠에 빠졌다.

새벽녘, 남보다 먼저 잠이 깬 야사스는 여인들과 시종들이 어지러이 흩어져 잠자고 있는 광경을 보았다.

혹은 비파를 옆에 끼고 혹은 북을 베고 혹은 머리털이 산발이 되고 혹은 침을 흘리며 잠꼬대를 하고……. 여인들의 아름다움은 다 사라지고 마치 시체더미와 같았다.

야사스는 갑자기 권태와 근심에 빠졌다. 그는 자기 인생의 허무와 불안을 절감하면서 독백하였다.

'아, 참으로 괴롭다. 참으로 위태롭다.'

그는 황금 신발을 신고 집을 나와 헤매다가 사슴동산〔鹿野苑〕에 이르렀다. 그는 계속 부르짖었다.

'아, 참으로 괴롭다. 참으로 위태롭다.'

때에 새벽 명상에 잠겨 계시던 부처님께서 멀리 야사스가 오는 것을 보셨다. 그가 가까이 다가오자 부처님께서 그를 불러 세우시고 말씀하셨다.

"벗이여, 여기에는 괴로움도 없고, 위태로움도 없느니라. 벗이여, 여기 와 앉으라. 그대를 위하여 법을 설하리라."

너무도 고요한 말씀 앞에 야사스는 환희하여 춤추면서 황금 신발을 벗어버리고 세존(世尊, 하늘과 땅 위에서 존귀하신 부처님) 계신 곳으로 나아가 세존께 예배하고 그 곁에 앉았다. 세존께서는 그를 위하여 차례 따라 법(法, 진리)을 설하셨다. 보시(布施, 남을 위하여 널리 베풂)와 계율(戒律)과 생천(生天, 하늘에 태어나는 것)에 관하여 말씀하셨다. 야사스의 마음이 부드러워지고, 신념이 생겨나는 것을 보고, 세존께서는 스스로 깨치신 진리, 곧 사제 팔정도(四諦八正道)에 관하여 설(說)하셨다.

마치 깨끗하여 한 점 티가 없는 포목이 물이 잘 드는 것과 같이, 야사스는 그 자리에서 티끌과 때〔혼미한 생각, 번뇌〕를 멀리 여의는 진리〔法〕를 발견하였다. 그는 기쁨을 가누지 못하고, 크게 외쳤다.

"집(集)은 법(法, 진리)은 모두 멸(滅)의 법이로구나.[1]"

이리하여 야사스는 부처님 곁에 출가하고, 머지 않아 법의 눈을 뜨고 거룩한 아라한(阿羅漢, Arhat, 진리를 깨달은 성자)이 되니, 석가모니와 다섯 비구(比丘, 남자 스님)에 이어 일곱번째의 성공이었다.

아들을 찾아 나섰던 장자(長者)는 사슴 동산에 이르러 야사스의 황금 신발을 보고 세존 계신 데로 달려왔다.

"존사(尊師)여, 야사스를 보셨나이까?"

"그대는 여기 앉으라. 여기서 그대 아들을 만나리라."

세존께서는 그에게 보시와 계율과 하늘나라에 태어나는 생천의 법에 관하여 설하셨다.[2] 장사 또한 법을 보고, 법에 도달하였으며, 법을 알고, 법에 익어서, 의심을 버리고 평화를 얻었다.

장자는 세존 앞에 나아가 예배하고 사뢰었다.

"거룩하셔라 세존이시여, 거룩하셔라 세존이시여.

이를테면, 넘어진 것을 일으키심과 같이 덮인 것을 나타내심과 같이 헤매는 자에게 길을 가르치심과 같이 또 어둠속에 등불을

---

1) '고통의 원인을 깨달으면 해결의 길이 열린다.'
2) 보시(布施)-계율(戒律)-생천(生天), '이웃에게 베풀고 깨끗하게 살면 하늘에 태어난다.' 이것이 소위 삼론(三論)으로서 초보적 깨침에 이르는 1단계 설법이다. 〔水野弘元, 『부처님의 敎化와 悟』, 월간「佛光」108호(1983.10), p.114〕

가지고 와서 '눈 있는 자는 보라'고 말씀하심과 같이 이같이 세존께서는 온갖 방편〔방법〕을 세우사, 법을 설하여 밝히셨습니다.

저는 이제 세존께 귀의하나이다. 또 그 진리〔法〕와 대중〔僧〕에게 귀의하나이다. 원컨대, 오늘부터 목숨을 마칠 때까지 세존께 귀의하옵는 신사(信士, 남자신자)로서 저를 받아들여 주옵소서."[3)]

이어 야사스의 어머니도 부처님께 귀의하니, 이들이 불교 교단 최초의 신남(信男, 남자신자) 신녀(信女, 여자신자)이다.

야사스의 소식을 들은 바라나시의 오십 명의 젊은이가 그를 쫓아 부처님께 달려 갔다.

"세존이시여, 원컨대 저희는 세존 앞에 출가하여 계를 받고자 하나이다."

세존께서는 이들을 맞이하시고 말씀하셨다.

"어서 오라 벗들이여, 여기 법은 잘 설해져 있다. 고뇌의 근원을 뿌리 뽑기 위하여 마땅히 정정한 행(行)을 닦으라."

―대품 수계품―

---

3) 이것이 초기 교단에서 처음 입문할 때 맹세하는 '삼귀의(三歸依) 발원'이다.
〔增谷文雄/이원섭역,『阿含經이야기』(玄岩社 1979), p.88~96〕

## 1과 • 어서 오라, 벗이여!

"오라 벗이여, 여기에 법은 잘 설해져 있다. 고뇌의 근원을 뿌리 뽑기 위하여 마땅히 청정한 행을 닦으라."    —대품 수계품—

**탐구과제**
- 부처님과의 만남이 얼마나 기쁜 일인가를 깨닫습니다.
- 부처님과의 진정한 만남이 어떻게 이루어지는가를 생각합니다.
- 법회 생활을 어떻게 해 갈 것인가를 다짐하고 준비합니다.

### 바다의 눈먼 거북이

**1** 어서 오시오. 벗들이여, 자비하신 부처님 우리 세존께서 여기 사슴동산 평화로운 숲속에 거룩한 진리의 자리를 마련하고 나와 당신을 기다리고 계십니다. 세존께서는 우리들을 향하여 다가오십니다. 저 젊은 고뇌자 야사스에게 하신 것처럼 세존께서는 우리들의 손을 잡으시고 고요한 미소로 말씀하십니다.

"오라 벗이여. 여기에 법은 잘 설해져 있다. 고뇌의 근원을 뿌리 뽑기 위하여 마땅히 청정한 행을 닦으라."    —대품 수계품—

**2** 이제 나는 부처님을 뵈었습니다. 이제 우리는 부처님과 더불어 만났습니다.
이 만남, 부처님과 우리들의 이 만남은 한량없는 옛부터 예비되어 온 아름다운 인연, 수없이 소매깃을 스쳐 온 뿌리 깊은 인연의 결실, 그런 까닭에 이 만남은 가슴 설레이는 기쁨이고 행복입니다.

부처님을 처음 뵈옵고 기뻐 날뛰는 대장쟁이 춘다(Cunda, 純陀-순타)를 좇아 우리는 이 큰 환희를 노래합니다.

"기쁘다, 내 이제 크나큰 이익을 얻었노라. 이 세상에서 부처님 만나기란 참으로 어려운 일, 이제 우담발화(優曇鉢華, Udumbara 3천 년에 한 번 피는 꽃)를 얻음과 같고, 겨자씨를 바늘 끝에 던짐과 같구나. 기쁘다, 내 이제 생사의 고해(苦海)를 영영 벗어났어라. 아 기쁘다, 이 세상에서 부처님을 만났으니 바다의 눈먼 거북이 물 위에 뜬 나무를 만남이로다."
－열반경 춘다품－

**3** "바다의 눈먼 거북이 물 위에 뜬 나무를 만남이로다."

정녕 이러합니다. 눈먼 거북이처럼 우리는 이 세상의 바다 위에서 정처없이 방황해 왔습니다. 캄캄한 어둠의 파도에 휩쓸리면서 진정 찾아야 할 것을 찾지 못한 채 나는 얼마나 오랜 세월을 고통으로 앓아 왔고 당신은 또 얼마나 많은 밤을 부질없는 헛손질로 번민해 왔습니까?

**4** 그러나 이제 우리의 방황은 끝났습니다. 나의 아픔도 당신의 번민도 이제 정녕 끝났습니다.

무슨 까닭인가?

부처님을 뵈었기 때문입니다. 여기, 사슴 동산의 푸르른 숲속에서 우리들의 거룩하신 세존을 만났기 때문입니다.

부처님과의 만남.

이로써 우리는 저 기슭에 이르렀습니다. 〔到彼岸-도피안〕 그

토록 갈망하던 구원의 니르바나 동산에 한 발 들어섰습니다.[1]

**5** 니르바나 동산, 지금 이 동산에는 영생불멸(永生不滅)의 맑은 샘물이 퐁퐁 솟아 오르고, 사슴들이 껑충껑충 평화를 춤추고 있습니다. 저 샘물[甘露(감로)·甘露水(감로수), 불사(不死)의 생명수]을 마시는 자는 정녕 죽지 않습니다. 영생불멸을 누립니다.

그런 까닭에 사슴동산[니르바나 동산] 아름다운 숲속에서 세존께서 우리를 향하여 말씀하십니다.

"벗이여, 여기에는 괴로움도 없고 위태로움도 없느니라. 벗이여, 여기 와 앉으라, 그대를 위하여 법을 설하리라."  —대품 수계품—


### 사람몸으로 태어나서

**6** 부처님과의 만남

그러나 이것은 쉬운 일이 아닙니다. 함부로 되는 일이 아니지요. 특별한 일, 놀라운 일입니다.

'무슨 말인가? 나는 오래 전부터 불교신자인데, 절에 갈 때마다 만나는데.'

벗이여, 행여 이렇게 편하게 생각하지 마세요.

'무슨 말인가? 절도 많고, 스님도 많던데, 마음 먹으면 당장 만날 수 있을텐데.'

벗이여, 행여 이렇게 안이하게 생각하지 마세요.

---

1) 니르바나(Nirvāna, 涅槃―열반)는 불교 세계의 최고 이상(理想). '불어서 끈다'는 뜻인데, 열심히 수행해서 일체의 번뇌[고뇌]를 영영 없애고[滅] 도달하는 크나큰 평화와 자유와 영생불멸(永生不滅)의 세계. 가끔 죽었다는 뜻으로 쓰고 있으나, 잘못 쓰임이다. (김동화, 『大乘佛教思想』(寶蓮閣, 1974), 佛教思想大典 3, p.215-219. 『阿含經이야기』 p.175-186)

왜?

온 세상이 빛으로 충만할지라도, 장님은 빛을 보지 못합니다. 뇌성 벽력이 천지를 진동할지라도, 귀머거리는 소리를 듣지 못합니다. 내 눈이 무지(無知)의 때〔垢〕로 가려있을 때, 절〔寺〕속에 산다 할지라도, 나는 부처님을 보지 못합니다. 내 귀가 자만(自慢)의 덩어리로 막혀 있을 때, 나는 누리에 넘치는 부처님 목소리를 듣지 못합니다.

그런 까닭에 우리가 인간으로 태어나서 부처님과 만나기란 참으로 어려운 일입니다.

세존께서 말씀하십니다.

"사람의 몸으로 태어나기 어렵다.[2]
부처님께서 출현하시기 어렵다.
부처님을 믿기 어렵다.
보리〔깨침〕얻기는 더욱 어렵다."

―성미륵발취경―


## 안 가보면 모릅니다

**7** 배봉한(裵鋒漢) 씨는 50대의 중년으로 조그마한 사업을 경영해 왔습니다. 세상 사람이 대개 그러하듯, 배(裵) 씨도 '유아독존(唯我獨尊), 제 잘난 맛'으로 반평생을 살아왔습니다. 그는 심한 자만심 때문에 도처에서 문제를 일으켰습니다. 종업원들에 대한 불만과 불신, 고객들에 대한 비굴감과 아니꼽다는 생각, 단숨에 천금

---

2) 이것이 '4가지 어려움〔四難―4난〕'으로서, 이와 비슷한 말씀이 『법구경(法句經)』182, 『법화경(法華經)』 『화엄경(華嚴經)』 『열반경(涅槃經)』등에 나온다.

을 벌겠다는 망상…, 이런 속에 어려운 일은 자꾸 밀려 오고… 그는 마침내 신경쇠약이 되고, 위장병·간장병·백내장으로 몸은 깊이 병들었습니다.

배씨는 이런저런 종교 집회에도 나가 보았으나 그의 독존병(獨尊病) 때문에 끝내 실패하고, 자포자기하고 있던 어느 날, 같은 동네의 허명길이란 젊은이가 찾아왔습니다. 이 젊은이가 절에 다니는 걸 알고 있던 터라, 그는 놀려주듯 말을 건넸습니다.

"자네 같은 젊은 엘리트가 나무토막에 금칠한 우상 앞에서 절하고, 손 비비고, 되지도 않는 소리나 중얼거리고… 거 참! 불가사의한 일일세. 좀 해명해 주겠나."

허(許)군은 껄껄 웃으며 말했습니다.

"안 가 보시면 모릅니다."

**8** "안 가 보시면 모릅니다."

이 한마디가 그의 자존심을 움직였습니다.

'도대체 불교라는 것이 무엇일까? 법회라는 곳이 무엇 하는 곳이기에 저 똑똑한 허군이, 안 가 보면 모른다하고, 입을 닫았을까?'

고통을 되씹으면서 고개 드는 내면의 소리에 귀기울이고, 다시 의심이 머리를 처들고…, 하루는 드디어 고민 끝에 결론을 내렸습니다.

'에라! 밑져봐야 본전이다. 미친 척하고 한 번 가보자. 이왕 버린 몸.'

**9** 배씨가 두번째 법회 나가던 날, 법사(法師)는 초파일을 앞두고 '천상천하 유아독존(天上天下 唯我獨尊)'에 관하여 설하였습니다. 그런데 법사의 '유아독존'은 자신의 '유아독존'과는 너무도 달랐습니다. 그것은 '내 잘났다'가 아니라 '지극히 존엄하고, 지극히 낮

고, 지극히 평등하고, 지극히 자유스러운 자기 완성의 길'이었습니다.

그는 이렇게 고백하고 있습니다.
"나는 법문(法門, 설법)을 듣는 순간,
야! 바로 이거다.
하는 생각이 번갯불처럼 스쳤다. 내가 50평생을 지녀 오고 나를 지탱해 온 유아독존병이 순간에 사그러지고 무너졌다."[3]

**10** 부처님과의 만남
이 만남은 이렇게 이루어집니다. 허공에서 겨자씨를 던져 지상의 바늘에 꽂히게 하듯 수많은 회의와 고민과 망설임과 기다림 끝에 우리는 어느 날 문득 이렇게 부처님을 만납니다.
"벗이여, 여기 와 앉으라. 그대를 위하여 법(法)을 설하리라."
이제 부처님께서 부르고 계십니다. 젊은 고뇌자 야사스를 부르시듯, 독존병으로 무너져 가는 배(裵)씨를 부르시듯, 지금 나와 당신을 부르고 계십니다.
벗이여, 저 다정한 목소리가 들립니까? 빛나는 모습이 보입니까?
벗이여, 우리 눈은 맑고 우리 귀는 열려 있습니까?


**회향발원**(다시는 떠나지 아니하리)
자비하신 부처님,
오랜 방황 끝에 이제 저희는 부처님 문 앞에 와 섰습니다.
'어서 오너라 벗이여, 어디 갔다 이제야 오는가.'
이렇게 따뜻한 미소로 저희 손을 잡아 마중하시는 부처님의 포근한

---

3) 배봉한, '나의 唯我獨尊 始末' 월간「佛光」103~105호 (1983. 5~7)

체온을 느끼면서, 저희는 실로 깊고 피곤한 나그네 길에서 돌아와 고향 어머니 품속에 안기는 안도의 기쁨을 누리고 있습니다. 그러면서 '이 품속을 결코 떠나지 아니하리라, 이 속에서 영원한 평화를 얻으리라.' 이렇게 다짐하고 있습니다.
　무한한 생명의 원천이신 부처님,
　저희를 평화로운 부처님의 문 안으로　　　　　　　－석가모니불 정근－

**찬불가**　오라 친구여

**내용익힘**
1. 다음 문장을 완성해 봅니다.
　① 오라, 벗이여, 여기에 (　　)은 잘 설해져 있다. (　　)의 근원을 뿌리 뽑기 위하여 마땅히 (　　) 행을 닦으라.
　② 기쁘다, 내 이제 (　　)의 고해를 영영 벗어났어라. 아, 기쁘다. 이 세상에서 (　　)을 만났으니, 바다의 눈먼 (　　) 물 위에 뜬 (　　)를 만남이로다.
　③ (　　) 동산, 지금 이 동산에는 (　　)의 맑은 샘물이 퐁퐁 솟아 오르고, (　　)들이 넝출넝출 춤추고 있습니다. 이 샘물을 마시는 자는 (　　). (　　)을 누립니다.
2. 다음 물음에 간결하게 답해 봅니다.
　④ 우담발화는 어떤 꽃인가?

　⑤ '네 가지 어려움'이란 무엇인가?

　⑥ 부처님과의 만남을 통하여 우리는 무엇을 실현할 수 있는가?

**교리탐구** 초기불교의 삼귀의는 어떻게 표현되었는가?


**실천수행** 법회에 열심히 나가기를 제일의 약속으로 삼고 법회 준비를 충실히 하고, 법회예절을 잘 알고 잘 지킵니다.

## 2과 • 발등 위에 떨어진 불

"나고 늙고 병들고 죽어가는 이 삶 속에 불행이 있음을 알고, 나지 않고 늙지 않고 병들지 않고 죽지 않으며, 슬픔이 없고 번뇌가 없는 평화로운 니르바나의 세계를 나는 마땅히 찾아야 할 것 아닌가?"

― 잡아함경 ―

**탐구과제**
- 내 인생 앞에 던져진 가장 심각한 문제가 무엇인가를 생각합니다.
- 죽음을 대하는 우리들의 의식을 점검해 봅니다.
- 인생무상(人生無常)이 우리 삶에 비춰주는 참된 가치를 발견합니다.

### 나 스스로 죽어 가면서

**11** "아! 기쁘다, 내 이제 크나큰 이익을 얻었노라."
대장장이 춘다는 어찌하여 이토록 기뻐합니까?
'아! 바로 이거다.'
독존병의 배(裵)씨는 무엇 때문에 이렇게 소리치고 있습니까?
우리가 부처님과의 만남을 이렇게 기뻐하는 속마음은 무엇입니까? 나와 당신이 긴급히 부처님을 찾아야 할 절박한 사정은 무엇입니까?
이제 우리는 젊은 고뇌자 싯다르타(siddhattha, 석가모니의 세속 이름)의 고백에 귀 기울여 봅니다. 싯타르타는 화려한 왕자의 영화에도 불구하고 이렇게 번뇌하고 있습니다.

"내 자신이 나고, 늙고, 병들고, 죽어가며, 슬픔이 있고, 번뇌〔혼미한 생각]가 있는 사람이면서, 나는 왜 그런 삶만을 좇아가고 있는가? 나고, 늙고, 병들고, 죽어가는 이 삶 속에 불행이 있음을 알고, 나지 않고, 늙지 않고, 병들지 않고, 죽지 않으며, 슬픔이 없고, 번뇌가 없는 평화로운 니르바나의 세계를 나는 마땅히 찾아야 할 것 아닌가?"

－잡아함경－

**12** 바로 이것입니다. 늙고, 병들고, 죽어가는 내 삶의 두려움 때문에 나는 부처님을 찾고 있습니다. 생로병사(生老病死)의 불안과 공포를 떨치고 일어나 영생불멸(永生不滅)의 니르바나를 찾기 위하여 지금 우리는 저 사슴 동산으로 달려가고 있습니다.

'나는 늙지 않는다. 병들지 않는다. 죽지 않는다.'

벗이여, 당신은 이렇게 장담할 수 있습니까? 늙고, 병들고, 죽어가는 저 가련한 생명들을 보고 '나는 안전하다.' 이렇게 웃을 수 있습니까?

싯다르타는 바로 그러한 자신의 어리석음을 통렬히 꾸짖고 있습니다.

"나 자신도 늙고, 병들고, 죽어가는 몸인데, 남의 늙음과, 병듦과 죽음을 보고 웃어야 옳은가?"

－잡아함경－

## 백 년 뒤 당신은 어디에 있는가

**13** 벗이여, 당신은 백 년 뒤 당신의 모습을 생각해 본 적이 있습니까?

당신은 그때 어디 있습니까? 당신의 아름다운 얼굴, 소중한 육신, 빛나는 눈동자…, 이 귀한 것들이 그때는 무엇이 되어 있습니까?

한 줌의 흙, 앙상한 뼈, 무너져 내린 무덤 위의 쓸쓸한 잡초…, 당신은 정녕 이 가운데 있습니까? 아니면, 고독한 영혼이 되어, 저 빈 하늘가에서 맴돌고 있습니까? 심판의 날을 기다리며 두려워 떨고 있습니까?

**14** 삶의 맛에 취하여 허무의 구렁 속으로 비틀거리며 다가서는 우리를 향하여, 세존께서는 다급한 목소리로 외치고 계십니다.

"태어난 자는 다 죽음으로 돌아가나니, 아름다운 얼굴이 변하여 허물어지고, 강한 힘은 병의 침노를 당하나니, 능히 이것을 면하는 자가 없느니라. 가사 수미산(須彌山 Sumeru-Parvata, 이 세계에서 가장 높은 산)이라 할지라도, 세월이 다하면 무너져 흩어지고, 큰 바다가 비록 깊을지라도 또한 말라 없어지며, 대지와 해와 달도 세월이 되면 다 사라지나니, 일찍 한 가지 일도 무상(無常)의 큰 입을 면한 것이 없느니라."  －무상경－

**15** '인생 무상, 삶의 회의'

이것은 결코 사춘기 한 때의 유행병일 수가 없습니다. 생사(生死)는 진정 인생 일대의 대사건(大事件)이고, 대문제(大問題)입니다. 그래서 "생사 일대사(生死一大事), 나고 죽은 것은 인생의 일대 사건"이라 하셨습니다.  －법화경－

생사의 해결없이는 우리 인생 전체가 참으로 무의미한 것 아닙니까? 이 허망한 무상의 늪 속에서, 이 깊은 죽음의 계곡에서, 한 때의 행복, 건강, 부귀, 승리, ……, 대체 이런 것들이 어떤 가치를 지니는 것입니까?

'내 재산 다 줄 터이니, 일주일만 더 살게 해 달라.'

불치의 병으로 죽어가면서 의사에게 매달려 눈물로 호소하는 어느 재벌의 처절한 통곡을 들으면서, 우리는 새삼 우리 자신의 죽음 앞에 서 봅니다.

## 우리 삶을 사랑하기 때문에

**16** 죽음을 눈앞에 둔 한 젊은 스님의 독백을 듣고 있습니다.
'왜, 서쪽하늘은 언제나 붉은색으로 저무는 것일까?
 서서히 꺼져가는 내 영혼에 더덕더덕 엉겨붙은 잡초 같은 육신 껍질을 서쪽하늘에 던져 남김없이 태워 버리고 싶었다. 선지피를 왈칵왈칵 쏟을 때 떨어져 나간 생살조차 그곳에 던져버리고 싶었다.
 외로운 눈물 한 줄기와 함께 난 내 죽음의 둥지를 찾아가고 있었다. 발가벗은 빈 몸으로 저 넓은 허공 바닥을 뚫고 와서는 움막 하나 짓지 못하다니. 내 영혼은 땅 속으로, 꺼져가는 바람 줄기로 변해 있었다. 무엇이 아쉬웠는지 눈물이 까닭없이 두 볼에 미끄러져 내려왔다.'[1]

**17** 스물세 살 젊은 사미승(沙彌僧, 스님되기 위해 공부하는 수행자)의 두 볼에 미끄러져 내리는 저 눈물을 바라보면서, 나는 격한 심장의 박동을 느끼고 있습니다. 죽음을 눈앞에 둔 저 젊은 구도자의 외로운 눈물 속에서 오래 잠복해 있던 내 자신의 죽음의 공포를 발견하였기 때문입니다.
 죽음, 생사(生死).
 벗이여, 이것은 이제 남의 일이 아닙니다. 백년 뒤의 일이 아닙니다. 발등 위에 떨어진 불, 바로 나와 당신의 발등 위에 떨어진 화급(火急)한 일입니다. 이 불길이 나와 당신의 몸을 휩싸고 타

---

1) 혜진(慧眞), '내 靈魂 黃昏을 바라보며' (女苑, 1983), p.277.

오르고 있습니다. 사정없이 타오르고 있습니다.

**18** 우리는 이 삶을 사랑합니다. 이 삶을 사랑하는 만큼 우리는 이 삶을 또한 두려워합니다.

무슨 까닭인가? 이 삶이 곧 죽음을 의미하기 때문입니다. 삶을 즐거워하는 바로 이 순간에 우리는 죽음의 종말을 향하여 한발 다가서고 있기 때문입니다. 우리는 생사의 운명적 갈등 속에서 수많은 밤을 잠 못 이루고 있습니다.

서라벌의 구도자 원효(元曉) 스님도 이렇게 탄식하고 있지 않습니까.

"태어나지나 말 것을
그 죽음이 고통이로다.
죽지나 말 것을
그 태어남이 고통이로다.
〔莫生兮 其死也苦
莫死兮 其生也苦〕"[2)]


**회향발원**(영원한 생명을 그리며)
자비하신 부처님,
저희는 지금 거울 속에 비친 저희 자신의 모습을 바라보고 있습니다. 나 스스로 늙고 병들고 죽어가면서, 도리어 늙어가는 이, 병든 이, 죽어가는 이 앞에서 무관심한 자만에 빠져있는 저희 자신을 부끄러워하고 있습니다. 저희는 살고 싶습니다. 늙지 않고 병들지 않고 죽지 않

---

2) 일연(一然), 『삼국유사(三國遺事)』 '사복불언(蛇福不言)' 원효(元曉) 스님이 기인(奇人) 사복(蛇福)의 어머니 장례식 때 지은 조시(吊詩). 사복이 '너무 번잡하다'고 하니, 원효 스님은 다시, '죽고 남이 모두 고통이로다〔死生苦兮〕' 이렇게 한마디로 줄였다.

는 영원한 삶을 찾고 싶습니다.
  무한한 생명의 원천이신 부처님,
  저희를 영원한 생명으로 인도하소서.　　　　－석가모니불 정근－

**찬불가**　불교도의 노래

**내용익힘**
1. 다음 문장을 완성해 봅니다.
  ① (　　) 않고 (　　) 않고 (　　) 않고 (　　) 않으며, (　　)이 없고 (　　)가 없는 평화로운 (　　)의 세계를 나는 마땅히 찾아야 할 것 아닌가?
  ② (　　)의 해결없이는 우리 인생 전체가 참으로 (　　)한 것 아닙니까? 이 허망한 (　　)의 늪 속에서 한때의 (　　), (　　)이 대체 어떤 가치를 지니는 것입니까?
  ③ (　　), (　　), 벗이여, 이것은 남의 일이 아닙니다. (　　) 뒤의 일이 아닙니다. (　　) 위에 떨어진 불입니다.
2. 다음 물음에 간결하게 대답해 봅니다.
  ④ 왜 '인생무상'이라고 하는가? 이 말씀의 교훈은 무엇인가?
  ⑤ '생사일대사'란 무슨 뜻인가?
  ⑥ 우리가 죽음을 문제삼는 근본 뜻은 무엇인가?

**교리탐구**　네 가지 고통〔四苦〕, 여덟 가지 고통〔八苦〕이란 무엇인가?


**실천수행**　백 년 뒤 나의 모습에 관하여 고요히 명상하고 그 생각을 기록해 봅니다.

## 3과 • 내 인생은 나의 것

"남에게 예속되는 것은 모두가 고통이니라. 스스로 자기의 주인되는 것은 즐거우니라."
　　　　　　　　　　　　　　　　　　　　　　－우다아나 2의 9－

**탐구과제**
• 내 인생의 참된 주인이 누구인가를 깨닫습니다.
• 본래 생명, 본래 나가 어떤 존재인가를 명상합니다.
• 싯다르타의 성도(成道)가 우리 자신의 인생에 있어 어떤 의미를 지니는가를 발견합니다.

### 생명은 스스로 주인

*19* "나지 않고, 늙지 않고, 병들지 않고, 죽지 않는 평화로운 니르바나의 세계를 나는 마땅히 찾아야 할 것 아닌가?"　－아함경－

　싯다르타의 저 통렬(痛烈)한 자기질문(自己質問)을 들으면서 생사는 한때의 위안으로 타협할 수 없는 내 인생의 무거운 짐인 줄을 나는 이제 깨닫습니다. 이것은 반드시 우리 스스로 짊어지고 해결해야 할 우리 인생의 주체적 과제(主體的課題)임을 깨닫고 있습니다.
　무슨 까닭인가?
　생사는 결코 대신할 수 없기 때문입니다. 부처님도, 신(神)도, 부모님도, 연인(戀人)도…, 그 누구도 나의 생사를 대신할 수 없기 때문입니다. 저분들이 나를 위하여 죽을 수 있을지언정, 그 누구도 내 죽음을 대신할 수 없는 까닭에 우리는 어쩔 수 없이 스스로 제 생사의 짐을 지고 일어서는 것입니다.

엄마의 품이 아무리 그립고 포근하여도 언젠가는 떠나야 하는 것처럼, 이제 우리는 우리들 자신의 진실된 인생을 찾아서 외롭고 힘든 길을 떠나려는 것입니다. 생사의 짐을 지고 떠나려는 것입니다.

**20** 우리는 이 생사의 짐으로부터 도피할 수 없습니다. 그 누구에게 위탁할 수도 없고, 자포자기하고 물러설 수도 없습니다.

왜? 나는 스스로 내 생명의 주인이기 때문입니다. 생명은 자주(自主), 스스로 주인이기 때문입니다.

'내 인생은 나의 것.'

이것은 가요의 한 구절이 아닙니다. 엄연한 생명의 대진실(大眞實)입니다. 내 생명의 주인은 나 자신일 뿐, 그 누구도 나의 주(主)가 될 수 없습니다.

**21** 그럼에도 불구하고, 우리는 이 진실을 잊고 허덕입니다. 스스로 생사의 짐을 회피하고 무력(無力)한 방랑자가 되거나, 남을 주인이라고 부르면서 그 은총에 매달리는 비루한 종〔奴隷〕이 되려 합니다.

그러나 이것은 착각이며 고통과 불행의 근본 원인입니다. 자기상실(自己喪失), 내 스스로 내 인생의 주인이 되지 못할 때 길고 험한 종의 역사는 시작됩니다. 우리가 스스로 주인임을 포기할 때 우리는 인생의 고뇌와 더불어 그 기쁨마저도 포기하고 맙니다.

왜? 종에게는 참된 고뇌도 없고 진정한 자유의 기쁨도 없기 때문입니다. 그래서 '소꼬리가 되지 말고 닭의 머리가 되라' 하는 것 아닙니까?

다스리는 사람을 원망하는 장자(長子)의 아내 시가아라에게 세존은 이렇게 말씀하십니다.

"남에게 예속되는 것은 모두가 고통이니라. 스스로 자기의 주인

되는 것은 즐거우니라."                    －우다아나 2의 9－

## 피조물이 어찌 참 생명인가

**22** 우리가 여기에서 문제삼는 생명은 무엇에 의하여 만들어지고 주어지는 그런 피조(被造)의 생명, 이차적(二次的) 생명이 아닙니다. 우리가 지금 해결하려는 생명은 시작이 있고 끝이 있는 그런 유한(有限)한 거짓 생명이 아닙니다.

우리는 진실로 참 생명을 찾기 원합니다. 내 스스로 주인인 생명, 결코 소멸되지 아니하는 생명, 진실생명(眞實生命), 태초생명(太初生命), 본래생명(本來生命), 그 자체를 찾기 원합니다.

그러나 지금 우리는 이 참 생명, 참나를 알지 못합니다. 알지 못한다는 사실조차 미처 눈치채지 못하고 거짓 생명, 거짓 나로 살아가고 있습니다. 거짓 생명, 거짓 나 위에 온갖 성벽을 쌓아 올리고 그 속에 안주(安住)하려 합니다.

그러나 벗이여! 밀물이 한 번 밀려오면 바닷가 모래성(城)은 어찌 되고 맙니까? 무서운 불실이 넢지면 낡은 초가(草家)는 어찌 되고 맙니까?

세존께서 우리를 위하여 경고하십니다.

"'내 아들이다, 내 재산이다'하여
어리석은 사람은 괴로워 허덕인다.
나의 '나'가 이미 없거니,
누구의 아들이며 누구의 재산인가."     －법구경 우암품－

**23** "나의 '나'가 이미 없거니."
'무슨 말이냐? 내가 이렇게 있지 않은가.'

벗이여, 행여 이렇게 생각하지 마세요.

'나의 나가 이미 없다면 이 세상이 실로 무의미하지 아니한가? 죽자 살자 고생해서 뭣하나?'

벗이여, 행여 이렇게 움츠리지 마세요. 저 말씀은 "눈 뜨라."는 부처님의 자애로운 조언이십니다. "눈 떠서, 네 자신의 참 생명을 보아라, 불생불멸(不生不滅)하는 참 너를 찾으라."는 세존의 간곡하신 일깨움입니다.

'불생불멸, 나지도 않고 죽지도 아니하는 생명.'

정녕 이러합니다. 우리는 이 생명을 갈망합니다. 죽었다 다시 살아나는 그런 영생이 아니라, 지금 이 자리에서 영원히 사는 생명, 죽을래야 결코 죽을 수 없는 그 생명을 그리워합니다.[1]

**24** '불생불멸, 나지도 않고 죽지도 않고.'

'어찌 그런 생명이 있을까? 관념에 불과하겠지.'

벗이여, 행여 이렇게 의심하지 마세요. 문득 '우물 안 개구리' 생각이 납니다.

요행히 우물 밖으로 나가 큰 바위를 구경한 개구리가 친구들 생각이 나서 우물로 돌아왔습니다.

"여보게들, 이 우물을 벗어나면 바다라는 세계가 있다네. 바다는 그 크기가 엄청나서 끝 간 데를 알 수 없고, 푸른 파도가 출렁거리고, 바다 속에는 고래 상어 문어 거북…, 온갖 생명들이 재주껏 뛰놀고. 바다는 정말 무한(無限)하고 신바람나는 별천지(別天地)라네.

여보게 친구들, 이 좁은 우물을 버리고 우리 저 넓은 바다로 가지 않으려는가?"

---

1) 그래서 항상 이렇게 생각하고 외운다〔念誦〕. '시제법공상 불생불멸 불구부정 부증불감(是諸法空相 不生不滅 不垢不淨 不增不減)…'(『반야심경』). 이것은 무한 생명(無限生命) 주인생명(主人生命)에 대한 염원의 발로이다.

그랬더니 개구리들은 일제히 웃음을 터뜨리며 그를 공박하였습니다.

"미친 녀석, 그런 터무니없는 거짓말을 하다니."

**25** 벗이여, 저 푸르른 바다를 두고 어찌 우리가 '없다'고 하겠습니까?

저 숲이 우거지고 사슴이 뛰노는 니르바나 동산, 바로 저곳에 우리 생명의 푸르른 바다가 굽이치고 있습니다.

'늙지 않고 병들지 않고 죽지 않는 세계' 불생불멸, 영생불멸의 세계가 영겁으로 펼쳐져 있습니다.

젊은 구도자 싯다르타는 저 니르바나 동산을 찾아서 달려 갑니다. 가빌라(Kapila, 석가모니가 나신 나라의 서울) 높은 성벽을 뛰어 넘어 동(東)으로 동으로 달려갑니다. 생사의 무거운 짐 짊어지고 달려 갑니다.

싯다르타는 성벽을 넘으며 스스로 맹세합니다.

"설사 내 해골이 썩을지라도, 생로병사의 근원을 다하지 않고서는 결코 돌아오지 않을 것이다."

—본생경 1—

## 성도는 스스로 주인되는 길

**26** 6년 고행 싯다르타는 마침내 찾았습니다. 영생 불멸이 넘쳐 흐르는 니르바나 동산을 찾았습니다. 목숨을 건 고행을 통하여, 마침내 생사 일대사의 무거운 짐을 풀고 하늘을 날으는 새처럼 훨훨 대자유의 주인되셨습니다. '크나큰 깨침'을 성취하고 거룩한 부처님이 되셨습니다. 생사윤회(生死輪廻)의 운명적 갈등을 남김없이 부수고 그는 이제 무한생명의 주인공이 되셨습니다.

우리는 이 인류사상 최대 사건을 "성도(成道)하셨다." 이렇게 찬탄합니다. 성도란 '부처님이 되셔서 길을 열으셨다. 만생령(萬生靈) 앞에 니르바나의 길, 영생 불멸의 길을 열어 보이셨다.' 이런 뜻입니다.

'크나큰 깨침'의 새벽[2] 부처님께서는 붓다가야(Buddhagaya, 성도하신 聖地) 보리수(菩提樹) 아래 사자(獅子)처럼 앉아서 한 소리 크게 선포하십니다. 환―히 밝아오는 동녘 하늘을 향하여 사자후(獅子吼)하십니다.

"이제 어둠은 영영 사라졌다.
어둠의 흐름도 모두 사라졌다.
이제 다시 생사의 길 따르지 않으리.
이것을 고뇌의 최후라 선언하노라."
― 자설경 ―

**27** "이제 어둠은 영영 사라졌다."

이것은 '지금 여기에서, 영생 불멸을 성취하였다. 무한생명의 큰 바다를 찾았다'라는 자기 선언입니다. 환희에 넘치는 주인 선언입니다.

이것은 동시에 나와 당신을 부르시는 자애(慈愛)로운 음성입니다. 생사의 늪에 빠져 허우적거리는 우리를 향하여 내미시는 따뜻한 구원의 손길입니다.

"벗이여, 모두 이리로 오시오. 여기 니르바나 동산 보리수 아래로 모두 오시오. 여기에 불멸이 있고, 영생이 있고, 일체의 고통을 해결하는 완전한 해답이 있소."

부처님께서 이렇게 사자처럼 외치고 계십니다.

---

[2] 이 날을 '성도일(成道日), 성도절(成道節)'이라고 하는데, 가장 오랜 전승(傳承)에 의하면 '바이샤카 달의 보름날'로 전한다. 음력으로 계산해서 납월(12月) 8일에 해당된다.

**28** "이것을 고뇌의 최후라 선언하노라." 부처님께서는 진실로 우리가 짊어진 생사고뇌(生死苦惱)에 대하여 완전하고 궁극적인 해결의 길을 보이셨습니다. 붓다가야의 저 우렁찬 사자후와 더불어, 나와 당신 앞에 대자유의 길이 활짝 열렸습니다. 생사의 공포에서 영영 벗어나, 우리들의 이 사랑스런 일상(日常)의 삶을 아무 괴로움 없이 기쁜 마음으로 살아갈 수 있는 행복의 문이 활짝 열렸습니다.

그런 까닭에 대장장이 춘다를 좇아 이제 우리는 이렇게 고백합니다.

"사람으로 태어나서
부처님 만나 뵙고
진리의 문 들었으니
이보다 더한 기쁨
세상 다시 있으랴.
수많은 생(生) 쌓은 공덕
이제사 원(願)을 이뤘네.
죽음과 병과 실패와
악몽은 밤처럼 사라지고
영생불멸,
건강과 성공의 기쁨이
새벽걸음으로 찾아오니
사슴 동산에 쏟아지는 햇빛
아—신나는
새 인생의 출발이어라."

**회향발원** (고통스런 주인의 길로)

자비하신 부처님,

괴롭고 슬플 때, 나 자신이 정녕 힘없는 존재임을 발견할 때, 저희는 문득 자신을 던져 버리고 그 무엇에 매달려 빌고 싶습니다. 자포자기 하고 싶습니다. 그러나 부처님을 바라보면서, 성벽을 넘어 새벽길로 달려나가는 부처님을 바라보면서, 피를 말리며 고행하는 부처님을 바라보면서, '내 생명의 주인은 진정 나 자신일 뿐'이라는 엄연한 진실을 새삼 깨닫고 있습니다.

무한한 생명의 원천이신 부처님,

저희를 고통스런 주인의 자리로 나가게 인도하소서.

-석가모니불 정근-

**찬불가** 무소의 뿔처럼

**내용익힘**

1. 다음 문장을 완성해 봅니다.
   ① (   )에게 예속되는 것은 모두가 (   )이니라. 스스로 (   )의 (   )되는 것은 즐거우니라.
   ② (   ), 내 스스로 내 인생의 (   )이 되지 못할 때, 길고 험한 (   )의 역사는 시작됩니다. 우리가 스스로 (   )임을 포기할 때, 우리는 인생의 (   )와 더불어 그 (   )마저도 포기하고 맙니다.
   ③ (   ), 나지도 않고 죽지도 아니하는 (   ), 우리는 이 생명을 갈망합니다. 죽었다 다시 살아나는 그런 (   )이 아니라, 죽을래야 결코 (   ) 수 없는 그런 (   )을 그리워합니다.
2. 다음 물음에 간결하게 대답해 봅니다.
   ④ '자주(自主)란 무슨 뜻인가?

⑤ 참 생명이란 어떤 생명을 말하는가?

⑥ '이제 어둠은 영영 사라졌다.' 부처님의 이 오도송은 우리에게 어떤 의미가 있는 것인가?


**교리탐구**  출가 후 싯다르타는 어떻게 구도의 길을 걸어갔는가?


**실천수행**  대중 앞에 나아가 이렇게 소리쳐 봅니다.
"나는 주인이다.
 나는 내 인생의 주인이다.
 나는 종이 될 수 없다.
 고통도 기쁨도 내 스스로 짊어진다."

## 4과 • 영생불멸을 얻는 사람들

"벗이여, 그대들은 나를 좋은 벗으로 삼아, 늙어야 할 몸이면서도 늙음으로부터 벗어날 수 있다. 병들어야 할 몸이면서도 병으로부터 벗어날 수 있다. 죽어야 할 몸이면서도 죽음으로부터 벗어날 수 있다. 고뇌와 근심과 슬픔을 지닌 몸이면서도 고뇌와 근심과 슬픔으로부터 벗어날 수 있다."

-상응부경전-

**탐구과제**
- 부처님은 우리 인생에서 어떤 역할을 하시는가를 발견합니다.
- 불교 믿는 목적이 무엇인가를 확실히 깨닫습니다.
- 어떻게 부처님께 귀의할 것인가를 배웁니다.

### 명백하고 구체적인 길

**29** "오라 벗이여, 여기에 법은 잘 설해져 있다. 고뇌의 근원을 뽑기 위하여, 마땅히 청정한 행(行)을 닦아라." -대품 수계품 1-

부처님께서는 법(法)을 설하여 보이셨습니다. 법〔Dharma, 진리·진실〕은 여러 뜻이 있지만 여기에서는 '니르바나에 이르는 길, 영생불멸에 이르는 길, 생로병사와 슬픔과 고뇌를 근원적으로 해결하는 길', 이런 뜻으로 이해하면 좋습니다.

부처님께서 하신 일은 명백하고 구체적인 길을 밝혀 보이신다는 것입니다. 길 없는 세상에 길을 터놓은 것이 얼마나 귀중하고 또 고마우신 일입니까. 우리가 지금 게으르고 관심이 없어서 엉뚱한 곳에서 노닥거리고 있을지라도 길만 거기에 있으면, 우리는 언제든지 길을 찾아 출발할 수가 있지 않겠습니까.

**30** 어느때 수학자 목갈라나(Moggallāna, 목련존자-目連尊者)가 사밧티〔舍衛城〕동원정사(東園精舍)로 부처님을 찾아 왔습니다.

"대덕(大德)이시여, 제가 이 정사까지 오는데도, 거쳐야 할 길이 있으며 또, 저의 전문인 수학에서도, 차례를 좇아 가르칩니다. 세존의 가르치심에 있어서도 또한 밟아야 하는 순서가 있습니까?"

세존께서 대답하셨습니다.

"벗이여, 그대의 말대로, 니르바나는 엄연히 존재하고, 거기에 이르는 길도 있으며, 내가 그 스승임도 사실이다. 나는 오직 길을 가리킨다."

－중아함경 144 산수목건련경－

**31** "나는 오직 길을 가리킨다."

이 말씀 들으면서 느끼는 은근한 암시는 부처님께서는 결코 "내가 주(主)다. 너는 다만 나를 따라오너라." 이렇게 말씀하시지 않으셨다는 것입니다.

왜 그러실까? "내가 주(主)이다. 너희는 나를 따라오너라." 부처님께서는 왜 이렇게 강하게 말씀하지 않으셨을까?

그러나 이미 우리는 그 이유를 알고 있습니다. 부처님의 속마음을 짐작하고 있지요.

부처님의 속마음이 무엇인가?

우리로 하여금 스스로 주인(主人)되게 하려 하심입니다. 아무리 못나고 가난하고 죄많은 생명일지라도 제 생명의 주인은 제 자신밖에 없다는 대진실(大眞實)을 존중하시고, 나와 당신에게 이 진실을 일깨우려 하심이 부처님의 숨은 생각이십니다.

**32** 부처님께서는 나를 이끄시고, 당신을 밝히시며, 우리와 함께 동반(同伴)하십니다. 부처님께서 터 놓으신 진리의 길, 깨침의 길로 우리의 손을 잡으시고 가만가만 인도하십니다. 저기 영생 불멸의 니르바나, 사슴동산으로 인도해 가십니다. 그래서 우리같이 부족한 중생(衆生, 헤매는 사람들)을 보고서도 항상, '벗이여, 벗이여', 이렇게 부르고 계십니다.

세존께서 이제 우리 손을 잡으시고 고요히 약속하십니다.

"벗이여, 그대들은 나를 좋은 벗으로 삼아, 늙어야 할 몸이면서도 늙음으로부터 벗어날 수 있다. 병들어야 할 몸이면서도 병으로부터 벗어날 수 있다. 죽어야 할 몸이면서도 죽음으로부터 벗어날 수 있다. 고뇌와 근심과 슬픔을 지닌 몸이면서도 고뇌와 근심과 슬픔으로부터 벗어날 수 있다."

―상응부 경전―

**33** "죽어야 할 몸이면서도 죽음에서 벗어날 수 있느니라."

부처님께서 이렇게 확실히 약속하십니다. 나와 당신의 손을 잡으시고 영생불멸을 약속하십니다.

'그럴 수가 있나? 나같이 부족한 사람이 어찌 영생불멸을 생각할 수 있겠나? 부처님에게나 가능한 일이지.'

벗이여, 행여 이렇게 물러서지 마십시오.

부처님이 누구십니까? 나의 벗, 당신의 친구 아니십니까? 친구가 능히 하는 일을 우리가 어찌 못하겠습니까?

젊은 야사스도 능히 하였고, 그 장자 아버지와 어머니와 50명의 친구들과 대장장이 춘다도 능히 하였습니다.

'아냐, 희망이 없어. 사람은 나서 죽기 마련인데 어찌 영생불멸이 가능하단 말인가?'

벗이여, 행여 이렇게 먼저 실망하고 체념하지 마십시오. '인간은 나서 죽는 것이다'라는 그 생각이 바로 당신을 죽게 하는 어둔 망상(妄想)입니다. 이 육신을 참 생명이라고 고집하는 어리석은 착각이 우리를 멸망케 하는 장본인입니다.

그 망상으로부터 나를 깨치기 위해서, 그 착각으로부터 당신을 일깨우기 위해서 부처님은 지금 우리를 부르고 계십니다. 겸허한 마음으로 이 부름을 받아들일 때, 놀라운 자기 변화는 시작됩니다. 이 육신의 한계를 딛고 서서 불멸의 소식을 듣습니다. 육신의 죽음 앞에 태연히 서서 영생의 동산으로 한발 힘차게 내딛습니다.

### 사형수의 잔잔한 미소

**34** 살인 간첩 사형수 김세진이 교도소 형 집행관 앞에 섰습니다. 마지막 순간입니다. 그는 옥중에서 스님의 권유를 끝내 마다하고, 김일성을 신앙해온 철저한 공산주의자입니다.

집행관이 물었다.

"마지막으로 남기고 싶은 말은?"

"없습니다."

"종교가 있소?"

"공자주의입니다."

그는 거침없이 대답하고 껄껄 웃었다. 침묵, 침묵, 그의 웃음이 침묵을 더욱 무겁게 하였다.

"스님!"

침묵을 가르며 김세진이 나를 부르는 소리에 나는 황망히 대답했다.

"지금 이 순간에 제가 불교에 귀의한다면 그것이 가능한 일입니까?"

　너무 뜻밖이었다. 뇌리 속에 내가 수계를 받던 7월 보름날의 일들이 번개같이 스쳐갔다.

　침묵 가운데 그의 수갑 고리 소리가 손을 움직일 때마다 딸그락 딸그락 귓속을 후벼파는 것 같았다. 나는 조용히 입을 열었다.
"삼보(三寶)에 귀의합니까?"
"네."
"그럼 저를 따라 하십시오.

　발원이 귀명례 삼보(發願已歸命禮三寶)[1]
　(원하옵건대, 목숨 바쳐 삼보님께 귀의하나이다.)
　나무상주시방불(南無常住十方佛)
　(온 누리에 항상 계시는 부처님께 귀의하나이다.)
　나무상주시방법(南無常住十方法)
　(온 누리에 항상 계시는 진리에 귀의하나이다.)
　나무상주시방승(南無常住十方僧)
　(온 누리에 항상 계시는 거룩한 스님들께 귀의하나이다.)"

　김세진의 떨리는 목소리가 이어졌다.
"자 이제는 부처님 전에 귀의하셨습니다. 제가 부처님을 대신하였습니다. 모든 번뇌와 망상을 깨끗이 씻고, 관세음보살을 외우십시오."

　그는 조용히 미소를 지었다. 이상하게도 그의 미소가 햇살처럼 투명하게 느껴졌다.

---

1) 삼보(三寶)는 불보(佛寶, 부처님·Buddha)·법보(法寶, 진리·Dharma)·승보(僧寶, 성스러운 대중·Saṃgha)로서, 이 셋은 영원한 신앙의 대상으로 무한한 행복의 근원이기 때문에 '세 보배'라고 한다. 김동화, 『佛教學槪論』(寶蓮閣, 1980) p.444~447
2) 박삼중(朴三中), 『남는 者와 가는 者』(人文堂, 1982), p.293~299

"전 이미 오래 전에 공산주의를 버렸습니다. 강요에 의해서가 아니라 선택입니다.…… 이제 마음이 편안합니다. 오랜 환각 상태에서 깨어난 것 같습니다."[2]

## 벗이여, 어서 일어나셔요

**35** 햇살처럼 투명하게 빛나는 사형수의 저 편안한 미소.
 저것은 영생을 찾은 자의 기쁨입니다. 불멸을 얻은 자의 평화입니다. 영생불멸을 얻는 사람들, 이것은 옛날 이야기도 아니고 관념의 유희도 아닙니다. 저 김세진 같은 특별한 사람의 특별한 경우만도 아닙니다. 지금 바 우리 눈앞에서 벌어지고 있는 우리들의 이야기, 보통 사람들의 이야기입니다.
 영생불멸의 니르바나 동산, 이 곳은 그렇게 엄청나고 신비한 세계가 아닙니다. 매우 가까이 있고 현실적인 세계입니다. 어쩌면 함께 어울려 살고 있는 이 다정한 마을이 니르바나의 현장일지도 모릅니다. 우리가 잠에 빠져 지척에 두고도 보지 못하는지 모릅니다.
 세존께서 우리를 흔들어 깨우고 계십니다.
 "일어나라 앉으라, 잠을 자서 너희들에게 무슨 이익이 있겠느냐. 화살에 맞아 고통받는 이에게 잠이 웬 말인가."
　　　　　　　　　　　　　　　　　　－숫타니파아타 소품/정진－

**36** 여기 눈뜬 사람들의 작은 얘기들이 있습니다. 우수한 성적으로 합격하고도 소아마비라는 이유 때문에 거절당했던 방귀희(方貴姬) 양은 부처님 만난 인연으로 훌륭한 대학생이 되고, 4년 뒤

전교 수석으로 당당히 졸업했습니다.[3]

남편의 부도(不渡) 사건으로 집까지 날렸던 김진기(金珍基) 부인은 금강경(金剛經)을 외우고 쓰면서, 엄청난 빚을 다 청산하고 그렇게 갖고 싶어하던 새집까지 마련했습니다.[4]

불치병으로 세 번이나 자살에 실패했던 가수 권혜경(權惠卿)님은 부처님께 지성으로 기도하고 지금은 원기 왕성한 건강체가 되어서 교도소의 어머니 노릇을 하고 있습니다.[5]

**37** 부처님과의 만남.

이 얼마나 신나는 일입니까? 무수한 사람들이 여기에서 새로 태어나고 있습니다. 늙음과 질병과 죽음과 고뇌와 슬픔을 딛고, 새 생명으로 태어나고 있습니다. 나와 당신 같은 마음 약한 이웃의 소시민(小市民)들이 무의미한 일상의 반복에서 깨어나 새 인생의 희망으로 가슴 설레이고 있습니다.

이제 우리는 다행히 부처님을 만났습니다. 부처님을 만나는 순간, 기사회생의 대역사(大役事)는 이미 시작된 것입니다. 흰 천이 곱게 물드는 것처럼 나와 당신의 인생은 진리의 색깔로 물들어 갑니다. 하루가 달라지고 한달이 달라지고, 나 자신이 바뀌고 가정이 바뀌고 직장이 바뀌고 운명이 바뀝니다. 일체의 난제(難題)는 사라지고 기쁨과 평화와 건강과 성공이 밀물처럼 밀려옵니다.

'그렇게도 불신하고 욕 잘하고 고함치던 폭군 사장, 어쩌면 저렇게도 바뀌는가? 정말 기이한 일이다.'

배봉한 씨의 종업원들이 이렇게 놀라는 사이, 이 회사의 매출외형액이 82년도의 2배로 뛰어서 세무서 사람들을 또한 놀라게 했

---

3) 방귀희, 『그래도 이손으로』(創人社, 1981)
4) 월간 「佛光」 106호(1983. 8), p.106~109
5) 권혜경, 『山莊의 女人』

습니다.⁶⁾

**38** 벗이여, 어서 일어나세요. 지금은 우리 차례입니다. 부처님께 성큼 나아갈 시간입니다. 그 앞에 경배 드리고 사뢸 시간입니다.
   이제 우리는 기쁨에 넘치는 목소리로 부처님께 삼귀의(三歸依)를 사룁니다.⁷⁾

   "거룩하셔라 세존이시여, 거룩하셔라 세존이시여,
   이를테면, 넘어진 것을 일으키심과 같이, 덮인 것을 나타내심과 같이, 헤매는 자에게 길을 가리키심과 같이, 또 어둠 속에 등불을 가지고 와서, '눈 있는 자는 보라'고 말씀하심과 같이, 이같이 세존께서는 온갖 방편을 세우사, 법을 설하여 밝히셨나이다.
   저는 이제 세존께 귀의하나이다.
   그 진리에 귀의하나이다.
   성스러운 스님들께 귀의하나이다.
   원컨대, 오늘부터 목숨을 마칠 때까지, 세존께 귀의하옵는 불자(佛子)로서 저를 받아들여 주소서."


**회향발원**(모든 근심 다 털어버리고)
   자비하신 부처님,
   저희는 이제 모든 근심 다 놓았습니다. 늙음, 질병, 죽음—이 모든 고통과 두려움 훨훨 털어버렸습니다. 부처님을 친구삼아, 부처님과 함께 나아감으로써 죽음으로부터 영영 벗어날 수 있다는 크나큰 진실을

---

6) 배봉한, '나의 唯我獨尊 始末' 월간 「佛光」 105호, p.118.
7) 삼귀의는 부처님·진리·스님, 곧 삼보(三寶)님께 돌아가 의지한다는 뜻으로 삼귀의를 서원〔맹세〕함으로써 불교 신자가 되는 것이다. 따라서 삼귀의례(三歸依禮)는 가장 기본적인 의식이다.(增谷文雄, 『阿含經이야기』), p.262~274

발견하였기 때문입니다. 이제 저희는 부처님께 귀의합니다. 부처님 진리에 귀의합니다. 성스러운 대중들에게 귀의합니다. 무한한 생명의 원천이신 부처님,
  저희들을 영원한 불자로서 받아들여 주소서.　　　－석가모니불 정근－

**찬불가**　거룩하신 삼보

**내용익힘**
1. 다음 문장을 완성해 봅니다.
  ① 벗이여, 그대들은 (　　)를 좋은 (　　　)로 삼아, (　　　)할 몸이면서 (　　　)으로부터 벗어날 수 있다. (　　　)할 몸이면서 (　　　)으로부터 벗어날 수 있다. (　　)할 몸이면서 (　　　)으로부터 벗어날 수 있다.
  ② 부처님께서는 (　　　)를 이끄시고 (　　　)을 밝히시며 (　　)와 함께 동반하십니다. 저기 (　　　　)의 (　　　　), (　　) 동산으로 인도해 가십니다.
  ③ 벗이여, 어서 (　　　). 지금 우리 (　　　)입니다. (　　　)께 성큼 나아갈 시간입니다. 이제 우리는 기쁨에 넘치는 목소리로 (　　　)께 (　　　)를 사룁니다.
2. 다음 물음에 간결하게 대답해 봅니다.
  ④ 법(法)이란 무엇인가?

  ⑤ 불교를 믿는 목적이 무엇인가?

  ⑥ 우리는 어떻게 늙음·질병·죽음으로부터 벗어날 수 있는가?
**교리탐구**　불(佛)·법(法)·승(僧) 삼보(三寶)가 무엇인가?
**실천수행**　법회에 나아가 입문식을 행하고 삼귀의계를 받아 지닙니다.

## 단원정리

● **합송** 이제 우리는 불멸(不滅)을 얻었어라

**법사** 대중들이여, 경건히 합장 경청하고 응답하시오.
　선남자 선여인들이여, 그대들은 진정 부처님을 만났습니까?
**대중** 그러합니다. 이제 저희 불자들, 거룩하신 부처님을 만났습니다. 부처님의 자비로운 모습을 친견하였습니다. 이 만남은 실로 억겁의 선한 인연, 이제 저희들의 방황은 끝났습니다. 저희들의 아픔도 정녕 끝났습니다. 저희들 가슴은 기쁨으로 넘쳐 흐릅니다.
**법사** 선남자 선여인들이여, 그대들은 무엇 때문에 부처님 만남을 그토록 기뻐하고 있습니까?
**대중** 죽음의 공포로부터 벗어날 수 있기 때문입니다. 생노병사의 운명적인 공포로부터 영영 벗어날 수 있기 때문입니다. 부처님께서는 저희들 앞에 영생불멸의 크나큰 문을 열어 놓으셨기 때문에, 저희들은 기쁨으로 춤추고 있는 것입니다.
**법사** 선남자 선여인들이여, 젊은 왕자 싯다르타는 무엇 때문에 저토록 6년고행하십니까?
**대중** 주인으로 살기 위함 때문입니다. 신의 피조물, 절대자의 종이라는 환상을 깨치고 일어나 생사의 고통 스스로 짊어지고 당당히 주인의 길로 나아가기 위하여 젊은 구도자 싯다르타는 왕관을 버리고 고행의 길을 스스로 선택한 것입니다.
**법사** 선남자 선여인들이여, 싯다르타는 성공하였습니까? 생사해탈의 큰 길을 진정 찾았습니까?
**대중** 그러합니다. 젊은 수행자 싯다르타, 6년 고행의 사투 끝에 붓다가야 보리수 아래에서 위없는 큰 깨침 성취하고 성도하셨습니다. 나와 당신과 저 거리의 형제 동포들, 일체중생이 늙음과 질병과 죽음으로부터 영원히 벗어날 수 있는 무한한 해탈의 길, 니르바나의 길을 이룩해

내셨습니다.
**함께** 선남자 선여인들이여, 우리 모두 기뻐하세. 부처님 만났으니 이제 우리는 영생불멸이로세. 부처님과 벗하는 자는 병들지 않고 죽지 않으니, 이 육신의 늙음과 죽음, 이 한때의 착각이며 환상이라네. 선남자 선여인들이여, 우리 모두 일어나 부처님께 귀의하세. 불·법·승 삼보님께 머리숙여 귀의하세.

-석가모니불 정근-

● **창작** 사형수 김세진 님의 얘기를 대화극으로 구성하여 발표합니다.

● **법담(法談)의 시간** '나는 어떤 인연으로 부처님과 만나게 되었는가 부처님과 만남으로부터 내 생각과 생활은 어떻게 바뀌기 시작하였는가'에 대하여 돌아가며 얘기합니다.

● **의식** ①법회
1. 법회의 의미
　법회(法會)는 불자들이 함께 모여 부처님의 법을 배우고 실천해 가는 거룩한 진리와의 만남입니다. 따라서 부처님의 법을 배우고 실천해 가는 모든 종류의 모임이 곧 법회인 것입니다.
　불교는 법회를 떠나서 존재할 수 없습니다. 부처님께서는 법회를 통하여 진리를 밝히시고 우리들을 불멸의 저 언덕으로 인도하십니다. 우리 불자들의 모든 수행과 사회적 실천이 또한 이 법회를 통하여 실현되어 갑니다. 그런 까닭에 불교 최초의 의식은 법회이고, 우리 불자들이 불교를 만나서 처음으로 할 일이 또한 법회 동참입니다. 따라서 법회를 우리 생활의 제일의 약속으로 삼고 모든 일에 앞서 법회에 나가는 것이 우리 불자들의 기쁜 의무입니다.
2. 법회준비

1) 달력에 법회 날짜를 최우선 약속으로 표시합니다.
2) 기본불경 「숫타니파아타」와 「불교수행교본」(성인 – 수계과정) 「이 기쁜 만남」을 구입하고 법회때 꼭 지니고 나갑니다.
3) 매일 용돈을 아껴서 정성껏 희사금을 마련하고 법회날 깨끗한 봉투에 넣어서 지니고 나갑니다.
4) 법회 전날에는 목욕재계하고 과도한 음주와 잡기를 삼가합니다.
5) 법회날에는 옷을 깨끗이 단정히 입고, 불경과 교본을 지니고 희사봉투를 챙겨서 나갑니다.
6) 가능한 한 가족과 동료들을 권유해서 함께 나갑니다. 친구와의 약속도 법회에서 만나기로 합니다.
7) 법회시간 10분 전에 법회 도량에 도착합니다. 부득이 늦은 경우에는 일을 마치는 대로 지체없이 달려갑니다.

3. 법회 예절
1) 사찰 입구 '일주문'에서 법당을 향하여 반배를 올립니다.
2) 절이나 법당에서는 침묵 정숙이 제일 예법입니다. 조용조용히 걸으며 옆사람과 잡담하지 않습니다.
3) 법당 출입시에는 옆문으로 합니다. 문은 조용히 여닫고 신발은 지정된 장소에 자례대로 놓습니다.
4) 법당에 들어서서는 불단으로 반배 올리고 앞으로 나아가 삼배를 올립니다. 초나 향은 가급적 거듭 밝히거나 태우지 않는 것이 좋습니다. 지금 타고 있는 대로 두는 것이 곧 나의 정성을 바치는 것입니다.
5) 법회가 진행중일 때에는 앞으로 나가지 말고 앉을 자리에서 조용히 일배만 올립니다.
6) 법사님께 법을 청할 때에는 약속에 따라 세 번, 또는 한 번 절합니다. 이것은 부처님에 대한 공경의 표현입니다.
7) 법회중에는 결코 출입하지 말 것입니다.
8) 법사님의 설법을 경청하고 필요하면 기록하며 듣는 것도 좋은

법입니다.
9) 희사 시간에는 준비해온 희사금을 불전에 올립니다. 아무 준비 없다가 그 자리에서 주머니를 뒤져 백원짜리 몇 닢 내는 것은 삼가하는 게 도리입니다.
10) 법회 순서가 끝날 때까지 동참합니다.
11) 법사님께 상담할 일이 있을 때에는 일배를 올리는 게 좋습니다.
12) 법회가 끝나면 대중들과 함께 주변 청소를 말끔히 합니다.
13) 돌아갈 때는 부처님께 삼배 올리고 차례 지켜서 나갑니다.
14) 대중 공양 이외에는 따로 음식을 먹지 않습니다.

4. 법회순서 (평상법회)
   1) 헌공 — 부처님께 꽃·향·초·과일 등을 공양 올린다.
   2) 예불, 또는 삼귀의
   3) 찬불
   4) 「반야심경」 합송
   5) 청 법 가
   6) 입 　 정
   7) 설 　 법
   8) 정근·희사·축원
   9) 사홍서원
   10) 특순 — 입문식, 임명식, 취임식 등 주요행사
   11) 대중공사 — 새 법우 환영, 인사 소식, 협의, 광고, 친목, 가족모임
   12) 산회가

● 의식 ②입문식

1. 입문식의 의미
   1) 입문식은 삼귀의계(三歸依戒)를 받아지님으로써 정식으로 부처님의 문 안으로 들어와 부처님의 제자, 곧 불자가 되는 것이며, 그 단체의 정식 회원이 되는 거룩한 과정입니다.

삼귀의계가 무엇인가?

곧 부처님[佛, Buddha]·부처님의 가르침[法, Dharma]·대중 공동체[僧, Saṃgha]의 삼보께 돌아가 의지하는 것입니다. 부처님을 내 인생의 스승으로 삼아 받들어 섬기며, 부처님의 가르침을 내 인생의 등불로 삼아 열심히 공부하며, 스님을 비롯한 비구[남자 스님]·비구니[여자 스님]·우바새[남자 신도]·우바이[여자 신도]의 거룩한 사부대중공동체를 내 인생의 동반자로 삼아 함께 가기를 스스로 선택하고 대중 앞에서 맹세하는 것이 삼귀의입니다.

2) 삼귀의계를 받아지님으로써 부처님과 나는 한 생명의 파이프로 이어지는 것입니다. 부처님은 이 파이프를 통해서 맑고 깨끗한 생명의 물, 감로수(甘露水)를 끊임없이 부어 주십니다. 그런 까닭에 우리는 어떤 상황, 어떤 곤경 속에서도 두려워하지 않고 불안해하지 않고 고독해하지 않으며 평화롭게 살아갈 수 있는 것입니다.

붓다 석가모니께서 말씀하십니다.
"제일 먼저 부처님[佛]을 섬겨 받들라.
가장 높으사, 위 없으니 누가 미치랴.

그 다음에 가르침[法]을 섬겨 받들라.
탐욕 떠나고 얽맴 떠나니 으뜸이라.

성중(聖衆, 僧)을 공경하여 받들라.
이는 정녕 가장 좋은 행복의 밭이니라.

이런 이는 제일가는 지혜 있어서
복된 자리에도 가장 앞에 있으며…

지혜의 바다로 속속히 들어가고
한 발 한 발 니르바나로 나아가리라."  —증일아함경 12 삼보품—

2. 입문준비

1) 법회에 나와서 부처님을 친견하고 예비회원으로 등록합니다.
2) 기본불경 「숫타니파아타」와 「이 기쁜 만남」(성인-수계과정)을 구입해서 지도자의 인도를 받으며 차례차례 공부합니다.
3) 「불교수행교본」 각과의 '실천수행'을 하나하나 힘껏 실행에 옮깁니다.
4) 법회에 열심히 나옵니다. (4회이상)
5) 「보리교본」(성인-기초과정) 1장 공부가 끝나면 「보리교본」을 지도자에게 제출해서 공부한 확인을 받습니다.
6) 공부 확인을 받으면, 입회원서(회원카드)를 작성하여 제출합니다. 이때 월불사금(佛事金)을 스스로 작정합니다.
7) 지도 법사님의 입문인가를 받음으로써 모든 준비는 끝나게 됩니다.
8) 입문식 일정이 결정되면, 전날 목욕재계하고, 부처님께 올릴 공양물을 준비해서(꽃 한 송이라도) 법회에 나아갑니다.

3. 입문식 순서

※ 입문식은 평상법회에서 특순으로 행한다.

# 임은 왜 맨발로 걸식하며 오시는가?

"세에라여, 나는 왕이로되 위없는 진리의
왕이니라. 진리로써 바퀴를 굴리느니라. 거꾸로
돌이킬 수 없는 바퀴를."
　　－숫타니파아타 대품/세에라－

## 제2장 임은 왜 맨발로 걸식하며 오시는가?

**누더기 한 벌 바리때 하나로**

**이끄는 말**

① 석가모니는 누구신가?
붓다 석가모니는 누구신가?
어찌하여 임의 몸은 금색으로 찬란히 빛나며, 창칼로 싸우려던 로히니 강변의 인민들은 임의 한마디 말씀에 창칼을 내던지며 한데 어우러져 노래하는가? 무엇 때문에 부처님은 누더기 한 벌 바리때 하나로 행진하시는가? 밥을 비시며 맨발로 행진해 오시는가?

② 2장은 「붓다 석가모니의 장」입니다. 역사적 실존이신 붓다 석가모니에 관하여 공부할 것입니다.
우리는 여기서 석가모니의 뛰어난 모습과 비할 바 없이 신비한 능력을 발견하고 철처히 자신을 싸워 이긴 위대한 승리자의 미소를 만나게 됩니다.

③ 누더기 한 벌 바리때 하나로 행진해 오시는 붓다 석가모니. 저 부처님을 보고 우리는 허황한 탐욕의 잠에서 깨어 일어날 것입니다. 맑고 깨끗한 무소유(無所有)의 삶으로 용기있게 돌아서서 귀중한 '나의 것'을 함께 나누며 나아갈 것입니다.

## 로히니 강변의 기적

가빌라성 동쪽에 로히니강이 흐르고 있었다. 이 강을 사이에 두고 사캬족(Sakya 族)과 코올리야족(Koliya 族)이 살고 있었는데, 한제방의 물을 나누어 쓰며 평화롭게 왕래하였다.

어느 해 여름의 일, 심한 가뭄이 계속되자 논의 벼가 마르기 시작하였다. 양쪽 농민들이 각기 모여서 애를 태우다가 코올리야족의 농부가 강건너편으로 먼저 고함을 쳤다.

"어이, 이 물을 양편에서 나누어 쓰면 양편 곡식이 다 타죽고 말 것이다. 물은 우리쪽에서 먼저 쓸테니 그리 알아라."

사캬족 농민들도 지지않고 응수하였다.

"너희들만 살고 우린 다 죽으란 말이냐? 너희들한테 찾아가서 곡식을 나눠달라고 구걸이라도 하란 말이냐? 물은 우리가 먼저 쓰겠다."

이리하여 오고 가는 말이 점차 거칠어지고 욕설이 오고 갔다.

코올리야족 농부가 큰소리로 외쳤다.

"누이나 동생들하고도 동침하는 놈들아, 너희놈들이 코끼리나 말을 타고 올지라도 눈 하나 깜짝할 줄 아느냐?"[1]

사캬족 농부도 악을 썼다.

"야, 이 대추나무에 둥지를 치고 사는 문둥이 새끼들아, 너희놈들이 코끼리나 말로 무장하고 온다 하여도 손끝 하나 까딱할 줄

---

1) 석가족은 근친혼(近親婚)을 하고 있었다. 석가족은 또 코올리야족과도 혼인관계로 가까웠다.

아느냐?"[2]

 농민들 사이에 격투가 벌어졌다. 보고를 받은 관리들이 나와서 이 싸움에 합세하였고, 마침내 두 나라 왕이 군대를 끌고 나와 대치하였다.
 가빌라 교외의 마하아바나 정사〔大林精舍〕에서 이 소식을 들은 세존께서는 놀라 일어나셨다.
 "내가 아니 가면 두 종족이 망하고 말겠구나."
 세존께서는 급히 로히니 강변으로 달려 가셨다.(옛 경전에는 공중으로 날라 가셨다고 기록되어 있다.)
 세존께서 오시자 양쪽 사람들은 무기를 버리고 예배하였다.
 세존께서 물으셨다.
 "왕이여, 이것은 무엇을 위한 싸움이오."
 "저는 알지 못합니다. 장군이 알 것입니다."
 장군은 지사에게 미루었다. 지사는 관리에게 미루고 마지막으로 농부에게 이르러 물싸움인 것을 알게 되었다.
 세존께서 다시 물으셨다.
 "왕이여, 물과 사람, 어느 쪽이 더 소중하오?"
 "물론 사람이 더 소중합니다."
 "그런데 지금 그대들은 물 때문에 사람을 죽이려고 하지 않소? 이것은 옳지 않은 일입니다. 내가 아니 왔다면 지금 강물은 피의 강물이 되었을 것이오."
 두 왕은 엎드려 사죄하고, 서로 손을 잡고 화해하였다.
 이 때 이들을 위하여 들려주신 세존의 법문이『법구경』에는 이렇

---

2) 코올리야족의 시조 바라나시의 왕 라아마가 문둥병에 걸려 왕위를 내놓고 산중의 대추나무에서 사는 코올라〔짐승이름〕처럼 살다가 병이 나아서 그로부터 자손이 번창하였다.
 (와다나베 쇼오꼬/법정 스님 역,『불타 석가모니』(하) 知識産業社 1981, 98~108)

게 기록되어 있다.

"원한을 지닌 사람들 속에 있으면서
원한을 버리고 즐겁게 살자.
원한을 지닌 사람들 속에서라도
우리들은 원한에서 벗어나 살자.

고뇌하는 사람들 속에 있으면서
고뇌에서 벗어나 즐겁게 살자.
고뇌하는 사람들 속에서라도
우리들은 고뇌에서 벗어나 살자.

탐욕스런 사람들 속에 있으면서
탐욕에서 벗어나 즐겁게 살자.
탐욕스런 사람들 속에서라도
우리들은 탐욕에서 벗어나 살자."
―법구경 안락품―

세존께서는 이어서 '검은 사자와 나무의 복수 이야기'와 '도토리와 토끼 이야기'를 들려주셨다.

제 정신을 차린 사캬족과 코올리야족 백성들은 세존께 감사드리고, 서로 손잡고 함께 노래 부르며 옛 평화로 다시 돌아갔다.

## 5과 • 나는 진리의 왕, 위없는 스승

"세에라여, 나는 왕이로되 위없는 진리의 왕이니라. 진리로써 바퀴를 굴리느니라. 거꾸로 돌이킬 수 없는 바퀴를……. 나는 알아야 할 것을 이미 알았고, 닦아야 할 것을 이미 닦았으며, 끊어야 할 것을 이미 끊었느니라. 그러므로 나는 부처이니라."      －숫타니파아타 대품/세에라－

**탐구과제**
- 석가모니는 스스로 자신을 누구라고 선언하셨는지 경청합니다.
- '부처(佛, Buddha)'의 바른 뜻이 무엇인가를 공부합니다.
- 부처님의 열 가지 칭호가 지니는 뜻에 관하여 연구합니다.


### 나는 승리자, 위없는 스승

**1** 마가다국(Magadha 國)의 붓다가야 보리수 아래에서 성도(成道)하신 석가모니께서는, 이제 법열(法悅) 속에서 일어나, 이 세상에 진리를 선포하기 위하여 장엄한 첫 행진을 시작하셨습니다. 석가모니께서는 자기 곁을 떠난 다섯 수행자들을 찾아, 바라나시 사슴동산〔鹿野苑－녹야원〕으로 향하여 나아가셨습니다. 석가모니의 얼굴은 광명으로 환히 빛나고, 걸음걸이는 사자처럼 늠름하였습니다.

도중에 아지바카교(Ājīvaka 敎, 邪命外道－사명외도)의 신자인 우파카가 석가모니의 모습을 보고 놀라서 물었습니다. 이 세상에 부처님이 임래(臨來)하셨다는 사실을 그는 까맣게 모르고 있었지요.

"벗이여, 그대의 온 몸은 평화롭고, 그대의 살빛은 정결하여, 광채가 빛나고 있습니다.

벗이여, 그대는 어떤 사람을 스승으로 하여 출가하였습니까? 그대는 어떤 사람의 법을 즐겨 받듭니까?"

**2** 이에 석가모니께서는 자신의 존재에 관하여 최초로 확신에 찬 대답을 들려주고 계십니다.

"나는 모든 것을 익히고
모든 것을 알아
모든 것에 더럽혀지지 않고,
모든 것을 버렸노라.

탐욕이 다한 해탈을 얻어
스스로 깨쳐 알았거늘
누구를 스승으로 받드랴.
나에게는 스승이 없도다.

나와 같은 자 없으며
사람과 신의 세계에서
나에게 비할 자 없으니
나는 세간에서 아라한이니라.

나는 위없는 스승
나 홀로 정변지(正遍智)[3]
맑고 고요한 경계에
나는 이미 도달하였도다.

나는 이제 카시로 가서
진리의 수레바퀴 굴리리니
어둔 세계에
불멸의 법고(法鼓-진리의 북)울리리라.

벗이여, 나는 번뇌를 이긴 승리자
나는 사악(邪惡)한 법에서 이겼도다.
나 같은 승리자 이 세상에 없나니
우파카여, 나는 승리자이니라."

－대품 수계편－

---

[3] '정변지'는 세상의 모든 진리를 바르게 온전히 다 깨치신 지혜로운 분을 일컫는다.

**3** "벗이여, 당신은 대체 누구십니까?"

이것은 단지 저 우파카만의 의문은 아닙니다. 석가모니를 바라보는 나와 당신의 물음이기도 합니다.

"나는 위없는 스승
나 홀로 정변지(正遍智)."

이제 석가모니는 이렇게 대답하고 계십니다.

무슨 까닭인가?

어찌해서 석가모니는 스스로 '위없는 스승'이라 하시고, "나 홀로 이 세상과 저 세상의 모든 것을 바르게 두루 안다"고 하시는가?

석가모니의 말씀을 다시 경청합니다.

"과거의 세계를 관찰하든지
미래의 세계를 관찰하든지
현재의 세계를 관찰하든지
모든 것이 일어나고 멸(滅)하는 것을
밝은 지혜로 분명히 알아서
닦을 것은 모두 닦았고
끊을 것은 모두 끊었으니
그런 까닭에
'부처'라고 이르나니……"

―잡아함경 권 4―

### 나는 진리의 왕

**4** '부처'라고 이르나니.

그렇습니다. 석가모니는 곧 거룩한 부처님이십니다. '붓다(Buddha, 佛陀―불타)'이십니다.

'붓다'가 무슨 말인가?

곧 인도 원어(原語, Sanskrit 語)의[4] 'Buddha'인데, 중국인들이 음(音)을 따서 '불타(佛陀)'라고 옮기고, 우리 백성들이 이것을 다시, '부처, 부처님', 이렇게 불러 왔습니다.

'붓다, 부처님'이 누구신가?

'Buddha'는, '진리(眞理, 法)를 깨치신 분, 진리에 눈 뜨신 분' 이런 뜻인데, 곧 '진리의 주인, 진리의 왕, 법왕(法王)'[5]이십니다. 진리를 스스로 깨치시고 나와 당신과 신(神)과 사람들, 일체 생명들을 진리에 눈뜨도록 무한한 자비(慈悲)로 인도하십니다.[6] 그런 까닭에 부처님은 스스로 '정변지(正遍智), 바르게 두루 아시는 분'이시고, '천인사(天人師), 신(神)과 사람들의 스승, 위없는 스승'이십니다.

이제 대장장이 춘다는 석가모니 부처님께 나아가 이렇게 사룁니다.

"위대하고 지혜로운 성자(聖者), 눈뜬 어른, 진리의 주인, 애착을 떠나신 분, 사람 위에 가장 높으신 이, 말〔馬〕을 길들이시는 뛰어난 분에게 저는 사뢰옵니다."   -숫타니파아타 소품/춘다-

**5** 당시 인도 백성들은 두 성주(聖主)가 나타나시기를 갈망하고 있었습니다. 첫째는, 'Buddha'가 오셔서 만생령을 니르바나로 이끄시기를 기다림이고, 둘째는, '전륜성왕(轉輪聖王, Cakravarti-rā-

---

4) 불경의 가장 오랜 문자는 파리어(巴里語, Pāli-bhāsā)라는 속어(俗語)이고, 다음으로 범어(梵語, saṃskṛta, Sanskrit 語)라는 인도 고대의 표준 문자이다.
5) '법왕(法王, Dharma-rāja)은 '진리의 왕'으로서, Buddha에 대한 일반적 칭호다. 부처님 스스로, "여래는 모든 法의 왕이니, 설하는 바가 다 허망하지 않느니라"하셨다. (『법화경』「약초유품」)
6) 부처님을, '스스로 진리를 깨치시고〔自覺〕, 남에게 진리를 깨치도록 하시고〔覺他〕, 지혜와 자비가 원만하신 분〔覺行圓滿〕, 이렇게 찬탄한다.

ja, 대적할 수 없는 대정복군주)'이 나와서 전 인도를 통일시키기를 기다림입니다.

싯다르타가 가빌라〔國〕의 왕자로 탄생하였을 때, 백성들은 그에게 '전륜성왕'을 더 기대했었는지 모릅니다. 그러나 싯다르타는 '전륜성왕, 대정복군주'를 버리고, 'Buddha, 진리의 왕'을 선택하였습니다.

무슨 까닭인가?

'Buddha'만이 참된 승리자이기 때문입니다. 모두를 함께 살리는 영원한 승자이기 때문입니다.

**6** 어느때 바라문(波羅門, Brahman교의 성직자)인 세에라가 석가모니를 찾아와 여쭈었습니다.

"당신께서는 전륜성왕이 되어 군대를 거느리고 사방을 정복하여, 잠부주〔인도〕의 통치자가 되셔야 합니다.

왕족이나 지방의 왕들은 당신께 충성을 맹세할 것입니다. 고오타마(Gotama, 석가모니의 또 다른 칭호)시여, 왕중의 왕으로서 인류의 제왕으로 통치하십시오."

스승은 대답하셨다.

"세에라여, 나는 왕이로되, 위없는 진리의 왕이니라. 진리로써 바퀴〔法輪〕를 굴리는 왕이니라. 거꾸로 돌이킬 수 없는 바퀴를 굴리느니라……

나는 알아야 할 것을 이미 알았고, 닦아야 할 것을 이미 닦았으며, 끊어야 할 것을 이미 끊었다. 그러므로 나는 Buddha이니라. 바라문이여…….

나는 신성(神聖)한 사람이며, 비길 데 없고, 악마의 군대를 부수었으며, 모든 적을 항복받았고, 아무 것에도 두려움없이, 기뻐하느니라."

―숫타니파아타 대품/세에라―

## 부처님의 열 가지 칭호

**7** "세에라여, 나는 왕이로되, 위없는 진리의 왕이니라."

정녕 이러합니다. 석가모니는 우리 가운데로 오신 진리의 왕이십니다. 나와 당신의 기다림 속에 오신 'Buddha'이십니다. 실로 우리들의 그리운 '님'이십니다. 인류사상 최초의 성자이시고, 최고의 스승이십니다. '비(比)할 바 없는 세존(世尊, Bhagavat)[7], 이 세상과 저 세상에서 가장 존귀한 분'이십니다.
'열 가지 이름〔如來十號〕[8]으로도 님을 찬양하기에 오히려 부족함이 큽니다.

**8** '열 가지 이름'이 무엇인가?
보리자(菩提子)는 이렇게 찬탄합니다.

"님은 여래(如來), 크나큰 진리로서 오시고, 진리로서 주(住)하십니다.

님은 응공(應供), 마땅히 우리들이 공양 바쳐 찬양할 어른이십니다.

님은 정변지(正遍智), 이 세상의 모든 진리를 바르게 두루 다 아십니다.

님은 명행족(明行足), 밝은 지혜〔明〕와 힘찬 실천의 능력을 모

---

7) '世尊'은 이 세상과 저 세상, 하늘과 땅 위에서 가장 존귀하신 분이란 뜻으로 부처님을 부를 때 가장 많이 쓰는 명호(이름). '불타세존, 석가세존(世尊), 자존(慈尊)'으로도 쓰인다.
8) '여래십호(如來十號)'는 '부처님을 찬탄하는 10가지 칭호'로서 장부경을 비롯한 대·소승 경전에 두루 쓰이고 있다. '응공(應供)' 대신에 '아라한(阿羅漢, 깨치신 성자)'으로 된 경전도 많다『미륵하생성불경』등. (김동화, 『原始佛敎思想』(寶蓮閣, 1974), 佛敎思想全書 2, p.270~271)

두 갖추셨습니다.
 님은 선서(善逝), 훌륭히 니르바나 동산에 이르르셨습니다.
 님은 세간해(世間解), 이 세상 우리들의 고통과 속사정을 다 이해하십니다.
 님은 무상사(無上士), 위없는 선비이십니다.
 님은 조어장부(調御丈夫), 일체의 세력을 능히 이끌고 길들이시는 용사이십니다.
 님은 천인사(天人師), 신과 사람의 거룩한 스승이십니다.
 님은 부처님〔佛〕·세존(世尊), 무한한 진리의 왕이시고 하늘과 땅 위에 홀로 존귀하신 대생명(大生命)의 주인이십니다."


**9** 이제 석가모니께서는 찬란한 모습으로 우리에게로 오셔서 선포하십니다.
 "나는 여래·응공·정변지·명행족·선서·세간해·무상사·조어장부·천인사·불세존이니, 제도(濟度, 구원)하지 못한 이를 제도하며, 이해하지 못한 이를 편안케 하며, 열반하지 못한 이를 열반케 하느니라〔영생불멸을 얻게 하다〕. 지금 세상이나 오는 세상을 여실히 아느니, 나는 일체를 아는 자〔一切智者〕이며, 일체를 보는 자이며, 길〔道〕을 아는 자이며, 길을 여는 자이며, 길을 말하는 자이니, 너희 하늘신〔天神〕과 인간과 아수라(阿修羅, 난폭한 귀신들) 등은 다 여기에 모여 법을 들을지니라."                   －법화경 약초유품－


**회향발원**
 진리의 왕이시여 자비하신 부처님,
저희들은 님 앞에 손길 모으고 고요히 경청하고 있습니다.
 "나는 승리자, 위없는 스승, 나는 왕이로되 진리의 왕, 진리로써 바퀴를 굴리느니라."
　온 누리를 향하여 선포하시는 부처님의 사자후를 경청하고 있습니다. 정녕 그러합니다. 님께서는 일체의 장애를 극복하신 승리자, 저희를 크나큰 평화로 인도하시는 위없는 스승이십니다.
무한한 생명의 원천이신 부처님,
저희들은 이제 님 앞에 경배합니다.
-석가모니불 정근-

**찬불가**　임의 숨결

**내용익힘**

1. 다음 문장을 완성해 봅니다.
   ① 세에라여, 나는 (　)이로되 위없는 (　)의 (　)이니라. (　)로써 바퀴를 굴리느니라.
   ② 부처님은 (　)를 깨치신 분, (　)에 눈뜨신 분, 곧 (　)의 주인, (　)의 왕이십니다. 스스로 (　), 나와 당신과, (　)과 사람들, (　)을 진리에 눈뜨도록 무한한 (　)로 인도하십니다.
   ③ 나는 일체를 (　)이며, 일체를 (　)이며, (　)을 아는 자이며, (　)을 여는 자이며, (　)을 설하는 자이니라.
2. 다음 물음에 간결하게 대답해 봅니다.
   ④ 석가모니께서 성도 후 최초로 만난 사람은 누구이며, 최초로 부처님께 귀의한 재가신자는 누구인가?
   ⑤ 바퀴를 굴린다는 것이 무슨 뜻인가?
   ⑥ 전륜성왕이란 어떤 인물인가?

**교리탐구**　'부처〔佛陀, Buddha〕'의 의미는 무엇인가?

**실천수행**  여래 십호(如來十號)를 찬탄하는 마음으로 하루에 세 번씩 일주일간 큰소리로 외쳐봅니다.

## 6과 • 놀라운 기적을 보이시다

"거룩하신 부처님을 측량치 못하여, 하늘신이나 세상의 인간들, 여러 중생 그 누구라도 부처님을 헤아릴 자 없느니라. 부처님의 크신 힘과 두려움 없음, 해탈이나 삼매 그리고 부처님의 모든 힘, 능히 측량할 자 없느니라."

— 법화경 방편품 —

**탐구과제**
- 석가모니께서는 어떠한 신체적 특성과 정신적 능력을 지니셨는가를 공부합니다.
- 석가모니 당시의 제자들이 부처님을 어떻게 보았는가를 관찰합니다.
- 석가모니께서 실제로 어떤 기적을 보이셨는지 사례를 수집합니다.

### 스승이시여, 힘이 넘치는 이여

**10** 세존께서는 뛰어난 몸〔殊勝身—수승신〕과 찬란한 성자의 모습〔大人相〕을 지니셨습니다. 세존께서는 그 몸에 서른두 가지 비범(非凡)한 모습〔三十二相〕과 여든 가지 훌륭한 성자의 특징〔八十種好〕을 두루 갖추셨습니다. — 잡아함경 1,26 —

세존의 머리에서는 항상 둥근 광명〔圓光〕이 달무리처럼 빛나고, 법을 설하실 때, 그 눈썹 사이의 흰 털〔眉間白毫—미간백호〕이 열리면서 크나큰 광명이 솟아나, 위로 하늘과 아래로 지옥의 어둠 속까지 비추십니다. 태양처럼 비추십니다.

어느때 바라문 세에라는 세존 앞에 나아가 이렇게 찬탄하였습니다.

"스승이시여, 힘이 넘치는 이여,
당신은 몸이 완전하고, 빛나며, 태생도 훌륭하고, 뵈옵기에도 아름답습니다. 금빛으로 빛나며, 이〔齒〕는 아주 흽니다.
  태생이 훌륭한 사람이 갖추는 위인의 모습〔相〕이 당신 몸에 있습니다.
  당신은 눈이 맑고, 얼굴도 뵈옵기 좋으며, 몸은 크고 단정하고 빛나는 사문(沙門, 수행자)들 속에서도 태양처럼 빛나십니다."
                          -숫타니파아타 대품/세에라-

**11** 세존의 목소리는 구원의 모음(母音), 세존께서는 모두 생령들의 수준〔根機-근기〕과 그 고뇌와, 그 염원을 낱낱이 살피시고, 진리의 말씀〔法音〕으로 인도하십니다. 세존께서 입〔金口〕을 열어 법을 설하시면, 마치 큰 사자가 울부짖는 것과 같아서, 뭇 생령들이 숨을 죽이고 귀기울여 경청합니다. 그래서 세존의 설법(說法)을 '사자후〔獅子吼〕, 사자의 부르짖음'이라 하고, 세존께서 설법하시는 자리를 '사자좌〔獅子座〕, 부처님을 '대웅시자(大雄獅子), 큰 영웅이신 사자'라고 찬탄합니다.[1)]
  세에라는 3백 명의 제자들에게 이렇게 외쳤습니다.

"너희들은 눈〔眼〕이 있는 이의 말씀을 들어라. 그는 번뇌의 사슬을 꺾어 버린 분이며, 위대한 영웅이시다. 마치 사자가 숲속에서 포효(咆哮, 부르짖음)하는 것과 같다.
  신성(神聖)한 분, 비길 데 없고, 악마의 군대를 쳐 부순 이를 보고 누가 믿지 않을 것인가? 이를테면, 살갗이 검은 종족 출신이

---

1) 언론(言論)에도 상수(上首)되시어 말씀마다 능변이시니 사람 가운데 대웅사자(大雄獅子) 숲 속에서 외치시네. (『장아함경』 1)

라도 믿으리라.

　따르고자 하는 자는 나를 따르라. 따르고 싶지 않은 자는 떠나 거라. 나는 지혜로우신 뛰어난 분에게 돌아가겠다."

　세에라의 제자들이 말했다.

　"만일 스승님께서 '바로 깨치신 이〔正覺者, Buddha〕'의 가르침을 기뻐하신다면, 저희들도 또한 뛰어난 지혜 있는 분에게 출가하겠습니다."

　세에라가 스승께 말했다.

　"저희들 삼백 명의 바라문은 합장하고 청합니다. 스승이시여, 저희들은 당신 곁에서 깨끗한 행(行)을 닦겠습니다."

－숫타니파아타 대품/세에리 －

## 열여덟 가지 신비한 능력

**12** 세존께서는 무한하고 신비한 위신력(威身力)을 지니고, 구제(救濟)의 방편(方便, 방법)으로 쓰셨습니다. '위신력'이란, '뛰어난 힘, 신(神)을 누르는 권능', 이런 뜻입니다. 세존께서는 '열 가지 뛰어난 힘〔十力〕과, '네 가지 걸림없는 능력〔四無所畏－사무소외〕'과, '세 가지 흔들림 없는 교화(敎化)의 권능〔三念珠－삼념주〕'과, '한 가지 크나큰 특성, 자비(慈悲)'를 갖춰 지니셨으니, 이것을 합쳐, '열여덟 가지 오직 홀로 지니신 능력〔十八不共法－18불공법〕',[2] 이렇게 찬탄합니다.

---

2)『잡아함경』26·684경,『증일아함경』42·4경,『중부경』11.김동화,「原始佛敎思想」
　　p. 365～390

**13** 세존의 깊고 넓은 경지는 우리의 생각이나 상상력(想像力)으로 헤아릴 수 없습니다. 인간과 신(神)의 경지를 훨씬 넘어서 있습니다. 그래서, '여래(如來)의 공덕(功德, 능력과 덕성)은 불가사의(不可思議)하다, 능히 생각할 수 없다.' 이렇게 모든 경전에서 서술하고 있습니다.

실로 세존의 경지는 불가사의합니다. 깊고 미묘하여 측량할 수 없습니다. 세존의 수명과, 그 음성과, 그 지혜와, 그 신비와 그 구원의 권능과……, 이 모든 것이 불가사의합니다.

그래서 마가다(國) 기사굴산(耆闍崛山)³⁾ 산중에서 법화경(法華經)을 설하실 때, 세존께서는 상수제자(上首弟子) 사리풋타(Sāriputta, 舍利弗-사리불)에게 먼저 이렇게 말씀하십니다.

"거룩하신 부처님을 측량치 못하여, 하늘 신이나 세상의 인간들, 여러 중생 그 누구라도 부처님을 헤아릴 자 없느니라. 부처님의 크신 힘과 두려움 없음, 해탈이나 여러 삼매, 그리고 부처님의 모든 힘, 능히 측량할 자 또한 없느니라."
—법화경 방편품—

**14** 세존께서는 때때로 신비한 기석, 곧 신통(神通)을 행하여 중생을 제도하십니다.

세존께서는 미묘한 눈[天眼]으로 볼 수 없는 것을 능히 보시고 〔天眼通-천안통〕, 미묘한 귀[天耳]로 들을 수 없는 것을 능히 들으시고 〔天耳通-천이통〕, 중생의 속마음을 환히 다 살펴 보시고〔他心通-타심통〕, 중생들의 지난 숙명과 미래의 운명을 두루 꿰뚫어 아시고〔宿命通-숙명통〕, 몸을 마음대로 변화하여 나투시고〔神足通-신족통〕, 일체의 번뇌를 다 끊어 진리를 여실히 깨치

---

3) 기사굴산〔Grdhrakūta〕은 중인도 마가다(國) 라자그라하〔王舍城〕 동북쪽에 있는 산. '영취산(靈鷲山), 영산(靈山)'이라고도 부르는데 흔히 '영축산'이라고도 한다. 부처님께서『법화경』을 설하신 곳. 지금의 차타(Chata)산.

시고 크나큰 지혜의 능력을 원만히 성취하셨습니다〔漏盡通-누진통〕. 우리는 이것을, '육신통(六神通), 여섯 가지 신비한 능력' 이렇게 찬탄합니다.

## 기적을 열어 보이시다

**15** 세존께서 붓다가야에서 사슴동산으로 행진하실 때, 갠지스강 나루터에서 뱃삯이 없어 사공에게 거절당하고, 공중을 날아 저쪽 기슭으로 건너 가셨습니다. 이 일을 보고받은 빔비사라왕(Bimbisara 王)은 명령을 내렸습니다.
"이제부터 수행자에게 나룻삯을 받지 말라." －대품 수계품－

세존께서 우르벨라에 이르러 당시 최대의 교단인 배화교(拜火敎)의 교주 우르빌바 카샤파를 찾아 갔을 때, 카샤파는 그를 무서운 독룡(毒龍)이 살고 있는 화당(火堂)에서 자게 하였습니다. 다음 날 아침, 카샤파의 제자들이 그가 죽은 줄 알고 시체를 치우러 갔더니, 거대한 독룡은 한 마리 도마뱀이 되어 세존의 바리때〔발우, 공양그릇〕에 갇혀 있었습니다. 이 놀라운 기적을 보고, 카샤파 삼형제와 그 무리 천 명이 세존께 귀의하니, 이제 세존의 성중(聖衆)은 천이백오십명으로 늘어났습니다.[4]
－대품 수계품－

**16** 석가모니께서 성도하신 지 5년째 되던 해, 밧지족(Vajji 族)의 서울 베살리(Vesāli 城)는 큰 가뭄으로 흉년이 든 데다가, 전염병

---

4) 많은 경전 첫머리에, '부처님께서 비구대중 천 2백 50인으로 더불어……', 이렇게 서술하는 것도 이 때문이다.

이 유행하여, 수많은 시민들이 죽어가고, 거리에는 미처 치우지 못한 시체들이 뒹굴고 있었습니다. 나라에서는 이것을 신(神)의 재난이라고 생각하고, 제사를 지내고, 여러 종교 예언가들을 불러와도 아무 효험이 없었습니다. 그들은 이제 마지막으로 마가다 (國) 서울 라자그리하 (Rājagṛha, 王舍城-왕사성) 죽림정사(竹林精舍)에 계시는 부처님께 사람을 보냈습니다.

부처님께서 밧지족의 영토에 들어서자 마자, 뇌성이 울리고 큰 비가 왔습니다. 부처님께서는 맨발로 베살리로 들어오시자 제자들과 함께 바리때에 물을 담아 밤새도록 거리에 뿌리면서 시민들에게 짤막한 경을 함께 외우라 하셨습니다. 이렇게 이레 동안 계속 하시자, 모든 재난은 사라지고, 백성들은 다시 살아났습니다.[5]

**17** 이때 외운 경이 「보배의 경〔寶經〕」이라 하여, 가장 오랜 경의 하나로 숫타니파아타에 실려 지금까지 내려오고 있습니다.

이 경(經)에서 말씀하십니다.

"여기 모인 신(神)들은 지상(地上)의 신들이건 하늘의 신들이건 다들 기뻐하라. 그리고 마음을 가다듬고 내 말을 들어라.

신들이여, 귀를 기울여라. 밤낮으로 제물을 바치는 사람들에게 자비를 베풀어라. 함부로 하지 말고, 그들을 지키라.

이 세상과 내세(來世)의 그 어떤 부(富)라 할지라도, 천상의 뛰어난 보배라 할지라도, 우리들의 완전한 여래에게 견줄 만한 것은 없다. 이 훌륭한 보배는 눈뜬 여래 안에 있다. 이 진리에 의해서 행복하라."

-숫타니파아타 소품/보배-

---

5) 와다나베 쇼오꼬, 『불타 석가모니』下, p.88~92.

**18** "이 훌륭한 보배는 눈뜬 여래 안에 있다. 이 진리에 의해서 행복하라."

이와 같이 세존께서는 기적을 통하여 가장 훌륭한 보배를 베푸시면서 이 세상을 편력(遍歷, 돌아다님)하셨습니다. 수많은 생령들이 이 보배의 은혜로 재난 속에서 행복을 되찾았습니다.

세존의 팔십 생애를 통하여, 이러한 신통 기적들을 우리는 곳곳에서 만납니다. 세상 사람들은 '인간 석가모니'에 집착한 나머지, '신비(神秘)한 권능을 행하시는 부처님'을 좀처럼 인정하려 하지 않고, 한갓 신화(神話)나 후세의 과장쯤으로 치부하고 맙니다. 그러나 이것은 우리들의 좁은 상상력(想像力)의 소치일 뿐, 신(神)과 사람의 세계를 넉넉히 포용하고 인도하시는 세존께서 이런 신통 기적을 보이신다는 것은 오히려 지극히 자연스런 일입니다.

불교 3천년사(三千年史)를 통하여, 이러한 신통 기적은 하늘의 별처럼 총총합니다. 지금 이 순간에도 신통 기적의 별들은 반짝반짝 빛나고 있습니다.

**회향발원**

금빛 찬란한 님의 모습 자비하신 부처님,

저희들은 지금 마음의 눈과 귀를 열고 금색 광명으로 찬란히 빛나는 님의 색신을 우러러 보고 있습니다. 숲속에서 포효하는 사자와 같이 우렁찬 님의 음성을 듣고 있습니다. 흔들림 없는 신념, 일체의 두려움을 뛰어넘은 고요함, 무한히 솟아오르는 힘, 크나큰 자비심을 느끼고 있습니다. 여섯 가지 신비한 능력을 행하여 죽음과 멸망의 고통에서 저희들 중생을 구하여 살리시는 장엄한 모습을 목격하고 있습니다. 무한한 생명의 원천이신 부처님, 부처님의 이러한 능력이 지금도 생동하고 있음을 저희들은 굳게 믿고 있습니다.

-석가모니불 정근-

**찬불가** 고마우신 부처님

**내용익힘**

1. 다음 문장을 완성해 봅니다.
   ① 거룩하신 (     )을 측량치 못하며, (     )이나 세상의 인간들, 여러 중생 그 누구라도 부처님을 (     )자 없느니라.
   ② 세존의 목소리는 (     )의 모음, 세존께서는 모든 생명들의 (     )와 그 (     )와 그 (     )을 낱낱이 살피시고 진리의 (     )으로 인도하십니다.
   ③ 이 세상과 내세의 그 어떤 (     )라 할지라도, 천상의 뛰어난 (     )라 할지라도, 우리들의 완전한 (     )에게 견줄 만한 것은 없다. 이 훌륭한 보배는 (     ) 안에 있다. 이 진리에 의하여 (     ).

2. 다음 물음에 간결하게 대답해 봅니다.
   ④ 석가모니께서는 어떠한 신체적 특성을 지니셨는가?(큰 항목만 제시)
   ⑤ 석가모니의 세 가지 밝음〔三明〕과 여섯 가지 신통력〔六神通〕이란 무엇인가?
   ⑥ 석가모니께서는 밧지족의 수도 베살리에서 어떤 기적을 보이셨는가?

**교리탐구** 석가모니의 '열여덟 가지 홀로 지니신 능력'이란 무엇인가?

**실천수행** 석가모니께서 베살리에서 반포하신「보배의 경」을 아침 저녁 큰 소리로 1주일간 계속 읽고 암송합니다.

-숫타니파아타 소품/보배-

# 7과 • 으뜸가는 승리자

"전쟁에서 수천의 적과
홀로 싸워 이기는 것보다
하나인 자기를 이기는 사람,
그는 참으로 으뜸가는 용사이다."

－법구경 술천품－

**탐구과제**
- 석가모니께서 신변(神變, 기적)을 금지하신 속뜻이 무엇인지 깨닫습니다.
- 악마의 실체가 무엇인가를 관찰합니다.
- 내가 싸워서 이기려는 상대가 누구인지 깊이 성찰합니다.

## 진리가 최선의 기적

**19** 신통 기적을 행하시는 부처님, 그럼에도 불구하고 세존께서는 이와 같은 초인적(超人的) 초자연적(超自然的) 기적을 오히려 버리셨습니다. 하늘을 날고, 독룡을 항복받고, 비를 부르고 병을 치유하고……, 이러한 기적을 가장 열등한 기적이라 하여, 세존께서는 특수한 경우가 아니면 행하지 않으셨고, 또 제자들에게도 이를 금(禁)하셨습니다.

신통 기적을 보여 달라고 간청하는 나란다〔城〕의 한 신자에게 세존께서는 이렇게 타이르고 계십니다.

"나는 비구(스님)들에게 여러 사람이 보는 앞에서 신통 변화(神通變化)를 나타내 보이라고 가르친 일이 없느니라. 오로지 고요한 곳에 앉아 진리를 생각하고, 공덕이 있거든 안으로 감추어

두고, 허물이 있거든 몸소 드러내 놓으라고 가르칠 뿐이니라."
―장아함 견고경―

**20** 무슨 까닭인가?

세존께서는 왜 뛰어난 신통 능력을 드러내지 않으시려는가? 세존께서 행사하시는 참된 신변(神變, 신통변화)은 무엇인가?

세존께서는 나란다의 신자에게 3가지 신변을 들어 설명하셨는데, 몸을 맘대로 바꾸는 신족통(神足通)·멀리 보이지 않는 것을 능히 보는 천안통(天眼通)·가르침으로 깨우치는 교계통(敎誡通)이 곧 그것입니다. 이 가운데 신족통과 천안통은 사람의 눈을 속이는 삿된 것이라 하여 물리치시고, 교계통을 참된 신변(神變)이라 하여 권면하셨습니다.

교계통이 무엇인가?

세존께서 이렇게 설하고 계십니다.

"교계통이란, 여래가 세상에 출현하여 사문이나 바라문들에게, '그대들은 이렇게 생각하고, 저렇게는 생각하지 말라. 이런 일은 하고, 저런 일은 해서 안 된다. 이것은 내버리고, 저것은 취하라.'

이와 같이 가르쳐 훈계하는 것이니라.

그들은 모두 어둠을 떠나 밝음을 찾고, 죄악을 버리고 공덕을 성취하게 되느니라."
―장아함 견고경―

**21** 교계통.

바로 이것입니다. 세존께서 이 세상을 제도(濟度)하시기 위하여 행하여 보이신 제1의 기적, 참된 신변은 바로 이 교계통입니다.

교계통이란 필경 진리로써 깨우치는 것입니다. 진리를 보여 진리에 눈뜨게 함으로써 문제의 근원을 해결토록 일깨우고, 꾸짖고,

타이르고, 격려하는 것입니다.
 벗이여, 대체 이 세상에 진리 이상의 기적이 어디 있습니까?
 하늘과 땅 위에, 진리 이상의 권능이 어디 있습니까?


악마의 정복자

**22** "왕이여, 이것은 무엇을 위한 싸움이오?"
 "저는 알지 못합니다."
 "왕이여, 물과 사람, 어느 쪽이 더 소중하오?"
 "물론 사람이 더 소중합니다."
 "그런데 지금 그대들은 물 때문에 사람을 죽이려고 하지 않소."

 이 고요한 문답이 진행되는 사이에 실로 놀라운 기적이 벌어졌습니다. 피로 물들 뻔한 로히니 강변에 따뜻한 미소와 노래가 파도처럼 번져나갔습니다.
 세존의 간곡한 교계(敎誡, 가르침과 훈계)를 경청하고, 무기를 버리고, 서로 손을 마주잡고, 평화를 노래하며 돌아가는 저 로히니 강변의 백성들, 이 기쁜 평화의 합창을 들으면서, 우리는 이 세상에서 가장 신비한 기적의 현장을 바라보고 있습니다. 가장 아름다운 승리, 가장 뛰어난 권능의 현장을 바라보고 있습니다.
 벗이여, 저보다 더 거룩한 신통 기적을 또 어디에서 볼 수 있겠습니까? 저토록 훌륭한 승리자를 다시 어디에서 만날 수 있겠습니까?
 그래서 세에라와 그 3백 명의 제자들은 세존께 이렇게 사룁니다.

"당신은 깨치신 분입니다. 당신은 스승이십니다. 당신은 악마의 정복자이며, 현자(賢者)이십니다. 당신은 번뇌의 습성을 끊고, 몸소 건너시고, 또 이 사람들을 건네 주십니다……

저희 300명의 수행자들은 합장하고 서 있습니다.

영웅이시여, 발을 뻗쳐 주십시오. 여러 용(龍, 수행자)들로 하여금 스승께 예배드리게 하렵니다."  —숫타니파아타 대품/세에라—

**23** "당신은 악마의 정복자이며……"

이 말씀 들으면서 우리는 곰곰 생각에 잠깁니다.

'악마라니, 누가 악마인가? 세존께서 정복하신 무서운 악마는 대체 누구인가? 이방인인가? 이교도인가? 반대자인가?……'

잠시 저 붓다가야 보리수 아래, 성도 전야(前夜)의 싯다르타를 바라봅니다. 밤이 깊어지고 '크나큰 깨침'의 순간이 임박해 오자, 마왕 파순(魔王波旬, Māra Pāpiyas, 악마의 왕)은 이 찬란한 성공으로 제 영토가 무너져 버릴 것을 두려워하여, 악마의 군병을 몰아 싯다르타를 공격해 왔습니다.

악마가 이렇게 말합니다.

"당신은 야위었고, 안색이 나쁩니다. 당신은 죽음에 임박해 있습니다. 당신이 죽지 않고 살 가망은 천(千)에 하나입니다. 당신은 살아야 합니다. …… 애써 정진하는 길은 가기 힘들고, 행하기 힘들며, 도달하기도 어렵습니다."

싯다르타는 이렇게 대답합니다.

"게으름뱅이의 친척이여, 악한 자여, 그대는 세상의 좋은 것을 구해서 여기에 왔지만, 내게는 세상의 좋은 것을 찾아야 할 필요는 털끝만큼도 없다. …… 내게는 믿음이 있고, 노력이 있고, 지혜가 있다. 이처럼 전심하는 나에게 그대는 어찌하여 생명의 보전을 묻는가?

 힘써 정진하는 데서 생기는 이 바람은 강물도 마르게 할 것이다. 오로지 수도에만 정진하는 내 몸의 피가 어찌 마르지 않겠는가?……

 너의 첫째 군대는 탐욕이고, 둘째 군대는 미움이며, 셋째 군대는 기갈(飢渴), 넷째 군대는 애착이다. 다섯째 군대는 권태와 수면, 여섯째 군대는 공포, 일곱째 군대는 의혹, 여덟째 군대는 겉치레와 고집이다. 잘못 얻은 이득과 명성과 존경과 명예와 또한 자기를 칭찬하고 남을 경멸하는 것.

 나무치(마왕)여, 이것들은 너의 병력(兵力)이다. 검은 악마의 공격군이다. 용감한 사람이 아니면, 이들을 이겨 낼 수 없다. 용사는 이것을 이겨서 즐거움을 얻는다.

 내가 문자풀을 입에 물 것〔항복〕 같은가? 이 세상의 생은 달갑지 않다. 나는 패(敗)해서 사는 것보다, 싸워서 죽는 편이 오히려 기쁘다.……"

—숫타니파아타 대품/정진—

**24** 탐욕·미움·기갈·애착·권태·수면·공포·의혹·겉치레·고집·부당한 이득·명성·존경·명예·자화자찬(自畵自讚)·경멸…….

 이런 것들이 바로 악마의 정체입니다. 우리를 위협하고 파멸시키는 검은 악마의 공격군입니다. 이것들은 곧 우리 내면의 부정적 상념(想念)이고, 습성이고, 성격입니다.[1]

 악마는 실로 나 자신 속에 있습니다. 나를 파괴하고 망치는 무서운 악마는 곧 나 자신, 당신 자신이군요.

---

 1) 『상응부경전』22, 63, 「취(取)의 경(經)」에, '색(色, 물질)에 얽매일 때는 악마에 붙잡힌다. 얽매이지 않는다면, 악마로부터 풀려난다.' 『상응부경전』23,1 「마(魔)의 경(經)」에도 같은 뜻이 실려 있다.

## 으뜸가는 용사

**25** 부처님은 이 악마들을 정복하셨습니다. 피를 말리고 뼈를 말리고 강물을 말리고 바다를 말리는 가혹한 고행을 통하여 이 검은 악마의 군대와 마왕 파순을 부수고 위대한 용사, 승리자가 되셨습니다. 진리의 왕, 법왕(法王)이 되셨습니다.

부처님은 정녕 하늘과 땅 위에서 제일의 용사이십니다. 제일의 승리자, 제일의 왕이십니다.

무슨 까닭인가?

이 세상과 저 세상에서 가장 무서운 적은 바로 나 자신, 당신 자신이기 때문입니다. 자신을 이긴 용사를 꺾을 세력은 하늘과 땅 위에 다시 없기 때문입니다.

세존께서 말씀하십니다.

"전쟁터에서 수천의 적과
홀로 싸워 이기는 것보다
하나인 자기를 이기는 사람,
그는 참으로 으뜸가는 용사이다."

─법구경 술천품─

**26** 이 말씀을 들으면서, 우리는 내심으로 부끄러움을 느낍니다. 맥이 빠집니다.

왜?

우리는 지금 이 순간에도 밖에서 악마를 찾고, 밖의 적을 때려 부수기에 전심 전력하고 있기 때문입니다. 우리는 서로를 바라보면서, "누이나 동생들하고도 동침하는 놈들아", "대추나무에 둥지를 치고 사는 문둥이 새끼들아", 이렇게 욕하고, 단죄(斷罪)하고, 분개하면서, 팔을 걷어 붙이고, 이를 갈고 몽둥이를 다듬고, 칼날을 갈고, 폭탄을 쌓고 있기 때문입니다.

그러면서 또 한편으로, '평화 평화'하고 선전하기에 열을 올리고 있습니다. 한편으로 욕하고, 약올리고, 죽일 준비하면서, 또 한편으로, '평화, 공존, 대화'를 외치니, 이래 가지고는 결코 평화될 리 없습니다. 문제는 더욱 악화될 뿐입니다.

**27** '그럼 길은 없는가? 평화 공존의 길은 없는가?'

벗이여, 행여 이렇게 염려하지 마세요. 길이 있습니다. 분명 길이 여기에 있습니다.

무엇인가?

부처님의 교계(敎誡)를 경청하는 것입니다. 부처님의 지극하신 교계을 경청하고, 우리가 저마다 자신 속으로 돌아갈 때, 그곳에 평화의 큰 길이 활짝 열립니다. 자신 속의 악마를 철저히 정복할 때, 저 로히니 깅변의 놀라운 평화의 기적은 바로 이 한강변에서 벌어질 것입니다.

하늘을 날으고, 독룡을 항복받고, 비를 내리게 하고, 병자를 살리고……이런 신변(神變)이 필요한 경우도 있을테지요. 우리는 이러한 신통 기적을 결코 부정하지 않습니다. 그러나 이 세상과 저 세상의 문제를 근원적으로 해결하는 정도는, '교계통, 바로 이것이다.' 이렇게 우리는 굳게 믿으면서, 세존의 교계, 진리의 깨우침을 경청하고 있습니다.

"원한을 지닌 사람들 속에 있으면서
원한을 버리고 즐겁게 살자.
원한을 지닌 사람들 속에서라도
우리들은 원한에서 벗어나 살자."

−법구경 안락품−

**회향발원**

 스스로 이기는 용사의 길로 자비하신 부처님, 저희는 지금 붓다가야 보리수 아래에서 악마의 무리와 싸우시는 님의 치열한 고행을 보고 있습니다. 마군의 유혹과 사나운 공격을 하나하나 물리치고 마침내 마왕 파순의 정체를 폭로하여 쓰러뜨리시는 님의 찬란한 승리의 광경을 보고 있습니다. 그러면서 저희들은 내가 미워하고 싸워이겨야 할 진정한 적이 누구인지를 깊이 생각하고 있습니다.
 무한한 생명의 원천이신 부처님,
 저희를 저희 자신과 싸워이기는 용사의 길로 인도하소서.

-석가모니불 정근-

**찬불가**  석가모니불

**내용익힘**

1. 다음 문장을 완성해 봅니다.
 ① 전쟁에서 수천의 (     )과 홀로 싸워 (     )것보다 하나인 (     )를 이기는 사람, 그는 참으로 으뜸가는 (     )이다.
 ② (     )을 지닌 사람들 속에 있으면서 (     )을 버리고 즐겁게 살자. (     )을 지닌 사람들 속에서도 우리들은 (     )에서 벗어나 살자.
 ③ 부처님은 이 (     )들을 정복하셨습니다. (     )을 말리고 (     )를 말리고 (     )을 말리고 (     )를 말리는 가혹한 (     )을 통하여 이 검은 (     )의 군대와 (     ) 파순을 부수고, 위대한 (     ), (     )가 되셨습니다.
2. 다음 물음에 간결하게 대답해 봅니다.
 ④ 교계통이란 무엇인가?
 ⑤ 왜 석가모니를 '으뜸가는 승리자'라고 찬탄하는가?
 ⑥ 로히니 강변의 기적이란 무엇인가?

**교리탐구** 수행자 싯다르타가 싸워 이긴 마왕과 마군의 실체는 무엇인가?

**실천수행** 내가 맘속으로 싫어하고 미워하며, 이기려는 사람들의 이름과 그 이유를 하나하나 쪽지에 기록하고, 그 근본 문제가 무엇 때문이었는지를 명상한 다음, 쪽지를 하나하나 촛불에 태워 버립니다.

## 8과 • 누더기 한 벌과 바리때 하나

"어느때 부처님께서 사밧티의 기원정사에서 큰 비구들 천이백오십인의 성중과 함께 계셨다. 식사 때가 되자 세존께서는 가사 입으시고 발우 가지시고 사밧티성으로 들어가셨다. 성중에서 차례로 밥을 비시고 본처로 돌아오시어 식사를 마치시고는 가사와 발우를 거두시고 발을 씻으신 다음 자리에 앉으셨다."

-금강경 법회인유분-

**탐구과제**
- 석가모니께서 사신 의·식·주의 실제는 어떤 것인지 관찰합니다.
- 석가모니께서 바꾸려고 열망하신 참된 사회의 이념은 무엇인지 발견합니다.
- 자신과 이 사회를 영원한 번영으로 인도하는 제일법이 무엇인지 깨닫습니다.

### 맨빌로 밥을 비시는 부처님

**28** "이와 같이 나는 들었다.

어느때 부처님께서 사밧티〔舍衛城-사위성〕기원정사에서 큰 비구들 천이백오십 인의 성중(聖衆)과 함께 계셨다. 식사 때가 되자, 세존께서는 가사 입으시고, 발우 가지시고, 사밧티성으로 들어가셨다. 성중에서 차례대로 밥을 비시고, 본처로 돌아 오시어, 식사를 마치시고는, 가사와 발우를 거두시고, 발을 씻으신 다음, 자리를 펴고 앉으셨다."

-금강경 법회인유분-

**29** '석가모니, 그분은 누구신가?'

이렇게 의심날 때마다, 나는 이 경을 읽습니다. 이 짧은 몇 줄의 경속에서, 나는 문득 석가모니를 만납니다. 맨몸 그대로의 부처님을 만납니다.

여기에는 화려한 성전도 없습니다. 찬란한 신비의 장막도 없고, 영롱한 기적의 의상도 없습니다. 하늘 울리는 나팔 소리도 없고, 환호 열광하는 수만의 군중도 없으며, 주체하기 어려운 헌금 공양도 없습니다.

부처님은 다만 맨몸 그대로 행진하시고, 천이백오십 명의 대중들이 묵묵히 그 뒤를 따를 뿐입니다. 부처님은 속옷 입으시고, 그 위에 누더기를 빨고 기워서 만든 분소의(糞掃衣, 누더기옷)걸치시고, 발우(鉢盂, Patra) 하나 들으셨습니다. 문자 그대로, '삼의일발(三衣一鉢), 옷 세 가지와 발우 하나'뿐입니다.

부처님은 지극히 초라한 이 모습으로 행신하십니다. 뙤약볕이 내려 쬐이는 저 사밧티의 거리를 맨발로 걸어서 행진해 가십니다. 하루 한 끼니의 밥을 빌기 위하여 땀을 흘리며 마을로 찾아 가십니다.

부처님은 차례대로 밥을 비십니다. 부잣집이든 가난한 집이든, 밥을 빌든 못 빌든 일곱집을 차례대로 찾으시고는 , 그냥 그대로 돌아 오십니다. 밥을 주는 이에게는 주는 대로 축복하고, 주지 않는 이에게는 주지 않는 대로 축복하고 고요히 돌아오십니다.

**30** 맨발로 밥을 비시는 부처님.

무엇을 위하여 부처님은 저토록 고행하시는가? 가장 존귀한 왕자로 태어나서, 어찌하여 저토록 작고 초라한 걸식행자(乞食行者)가 되셨는가?

사밧티성 백정(白丁)의 딸 얘기가 생각납니다.

"석가모니의 사촌동생 존자(尊者) 아난다는 어느 날 거리에 나가 걸식하고 돌아오다가 목이 말라, 길가의 우물을 찾았다. 마침 그곳에 천한 백정[1]의 딸 프리쿠리티가 물을 긷고 있었다.

아난다가 말했다.

"누이여, 목이 마르니, 물을 좀 주시겠소."

"아난다님, 물을 떠 드리는 것은 어렵지 않으나, 저는 천한 마등가의 딸, 스님께 누를 끼쳐드릴까 두렵습니다."

"누이여, 그럴 리가 있소. 나는 모든 사람들을 평등하게 보시는 석가모니의 제자이니, 아무 걱정 말고 물을 주시오."

프리쿠리티는 기쁜 마음으로 물을 떠주고, 아난다는 감사하는 마음으로 떠나갔다.

그러나 이 조그마한 인연이 큰 불씨가 되었다. 프리쿠리티는 깊은 사랑의 열병에 빠지고, 그 어머니의 주술(呪術) 때문에 아난다도 얼이 빠진 듯하였다. 아난다는 괴로움을 견디지 못하여 석가모니에게 나아가 호소하였다.

"세존이시여, 저를 이 고통에서 구하여 주소서."

석가모니는 아난다를 데리고 곧 마등가의 집으로 나아가 말씀하셨다.

"프리쿠리티여, 그대는 진정 아난다와 혼인하고 싶으냐?"

"세존이시여, 그러하옵니다. 제발 허락하여 주소서."

"좋다. 프리쿠리티여, 이제 나와 함께 기원정사로 가자. 사문과 혼인하려면, 먼저 사문과 같은 모습이 되지 않으면 안 된다."

이렇게 하여 프리쿠리티는 결혼할 욕심으로 머리 깎고 여승(女僧)의 모습이 되었다. 석가모니께서는 그를 곁에 두시고 친히 가르치셨다. 시간이 흐르면서 프리쿠리티의 열정은 구도심(求道心)

---

[1] 마등가(摩登伽, Mātaṅga), 칸달라(Candāla)라고 부르는데, 도살업 등에 종사하는 인도의 최하층 천민으로서, 일반인과의 접촉이 금지되어 있다.

으로 바뀌고, 그는 마침내 석가모니 앞에 출가하여 승단(僧團)의 일원이 되었다.

**31** 비구니〔여자 스님〕가 된 프리쿠리티가 대중들과 함께 거리로 탁발(托鉢, 걸식)하러 나가자, 시민들 사이에 큰 소동이 벌어졌다. 석가모니께서 최하층의 손도 못대는 천민〔不可觸賤民〕인 마등가〔백정과 같은〕의 딸을 거룩한 승단에 받아 들였다 하여 비난이 빗발치듯 하고, 마침내 스님들에 대한 공양 거부 소동을 벌였다. 그러나 석가모니께서는 조금도 굽히지 않으셨다.

사태를 염려한 파세나디왕은 많은 무리를 거느리고 달려와서 세존께 예배드리고 한 쪽에 가 앉았다. 대중들의 속마음을 알아차린 세존께서는 자신과 아난다와 프리쿠리티와의 전생 인연(前生因緣)을 설하여 대중들의 의심을 풀으셨다.

이제 세존께서 수많은 대중 위에 선포하신다.

"여기 사대 하수(四大河水)가 있으니……갠지스강과 아지라파디강과 사라푸우강과 마히이강이 각각 바다로 흘러들어간다. 그러나 이 네 강물이 한번 바다로 흘러 들어가면, 옛날의 이름과 계통은 다 없어지고, 다만 '바다'란 이름으로만 불린다. 이와 같이 4성(四姓, 인도의 계급-카스트 제도)이 있으니, 크샤트리아〔귀족〕·브라만〔성직자〕·바이샤〔평민〕·수드라〔천민〕 등이다. 그러나 이들도, 법의(法衣, 사문의 옷) 입고 출가하면, 그 본래 신분은 사라지고, 다만 '사문 석가의 자식〔釋迦子〕'이라고만 말한다. 그러한 까닭에 여래중(如來衆)은 마치 큰 바다와 같고, 4제(四諦, 4가지 진리의 교법)는 네 강과 같아서, 결박을 풀고 '크나큰 니르바나'로 들어가느니라……."

## 이 세상을 바꾸려는 열망 때문에

**32** '석가모니께서는 이 세상 바꾸시기를 얼마나 열망(熱望)하고 계시는가? 이 나라, 이 사회 바꾸시기 위하여 얼마나 수고하시는가?'

저 '마등가의 딸' 사건을 목격하면서, 우리는 깊은 생각에 잠깁니다. 석가모니께서는 단지 한 사람의 고통을 구원하시는데 머물지 않으십니다. 이 세상·나라·사회를 본질적으로 바꾸려는 것이 석가모니의 가장 뿌리 깊은 염원의 하나입니다. 이 세상을 새 세상으로 고치려는 것이 석가모니의 본원(本願, 본래 염원)입니다.

사밧티 거리를 묵묵히 행진하시는 석가모니와 천이백오십 명의 대중들.

벗이여, 저 장엄한 부처님의 대행진을 바라보세요.

저것은 단순한 행렬이 아닙니다. 단순한 수행이 아닙니다.

'뿌리로부터의 변혁, 전혀 새로운 사상·나라·사회의 창조,' 바로 이 본원을 위하여 저 성중(聖衆)들은 뙤약볕 거리를 행진하고, 석가모니께서는 왕자의 부귀와 영화를 버리고 맨발로 밥을 빌고 계십니다.

**33** 저 행진은 어디로 가고 있는가? 석가모니께서는 저 대중들을 이끄시고 어떤 세상을 찾아 나아가시는가?

세존 말씀을 경청합니다.

"그러한 까닭에 여래중(如來衆)은 마치 큰 바다와 같고, 4제(四諦)는 네 강(江)과 같아서, 결박을 풀고 '크나큰 니르바나'로 들어가느니라."

'크나큰 니르바나〔無餘涅槃, Parinirvāna〕.'

그렇습니다. 석가모니께서는 이 세상을 '크나큰 니르바나'로 바꾸려 원하십니다.

'크나큰 니르바나'는 곧 '평등한 세상'입니다. '평등한 나라·평등한 사회'입니다. 이 세상은 큰 바다와 같아서, 강물이 한 번 흘러 들어오면 그 계통과 이름을 잊어버리고 다만 '바다' 한 이름으로 불리우듯, 온갖 계급과 신분의 사람들이 이 니르바나 세상에 한번 들어오면 그 계통과 신분의 차별을 여의고, 다만 '여래중, 여래의 대중, 진리의 대중' 한 이름이 되고 맙니다.

**34** 석가모니의 새 세상은 단지 관념이나 교리 속에 있는 것이 아닙니다. 석가모니께서는 처음부터 평등한 새 세상·나라·사회를 이 역사의 현실 속에 세우시기 위하여 단호하고 구체적인 역사(役事)를 시작하셨습니다. 존귀한 세존의 몸으로 손도 댈 수 없었던 천민 마등가[칸달라]의 집으로 친히 나드시고, 그 딸의 손을 잡아 성중(聖衆) 속으로 오시고, 시민들의 격렬한 공양 거부도 무릅쓰시고, 왕과 대중들의 염려도 듣지 않으시고……, 이것이 모두 '평등의 사회 정의'를 실현하시려는 석가모니의 뜨거운 염원에서 솟아나는 작은 증거들입니다.

'크나큰 니르바나, 평등사회'를 위한 석가모니의 수고와 증거는 끊임없이 계속됩니다. 노예 이발사 우팔리(Upāli, 優婆離)를 일곱 왕자보다 먼저 받아들이시고(본생경 1), 똥꾼 니이다이를 손수 씻어 주시고(불본행집경), 창녀 암바팔리(Ambapāli)의 집에 나가 그 공양을 받으시고, 2백 명의 창녀들을 인도하시며(장아함경 2), 극악한 살인범의 벌을 몸소 막으시고(앙굴리마라경), 가난한 여인의 등불을 밤새 지키시고(근본설일체유부 비나야약사 12)…….

**35** 무슨 까닭인가?

왜 석가모니께서는 갖은 저항과 장애를 무릅쓰시고 '평등사회'

를 세우려 하시는가?

첫째는 진리의 본성이 평등하기 때문입니다.[2] 평등하지 아니한 것은 비진리이기 때문입니다. 석가모니는 곧 '진리의 주인, 진리의 왕'이신데, 석가모니께서 평등의 정의를 행하지 아니 하시면, 누가 이를 행하겠습니까?

둘째는, 당시 인도의 민중들이 가혹한 카스트 제도(Caste, 四種性)와 빈부의 차이 때문에 멸망하고 있었기 때문입니다. 이 계급과 빈부의 차별을 그대로 방치하고서는, '보리〔Bodhi, 깨침〕· 니르바나·해탈' 등 불교의 모든 이상과 가치가 실로 무의미한 공염불(空念佛)에 불과하기 때문입니다. 석가모니는 곧 '자비의 주인, 구세 광명'이신데, 석가모니께서 계급과 빈부의 장벽을 어찌 그냥 두시겠습니까?[3]

석가모니께서 사밧티 기원정사로 찾아와서 '파멸(破滅)'에 관하여 질문한 신(神)에게 이렇게 말씀하십니다.

"엄청나게 많은 재물과 황금과 먹을 것이 있는 사람이 혼자서 맛있는 것을 먹는다면, 이것은 파멸의 길이다."

― 숫타니파아타 사품/파멸 ―

---

2) "이 진리는 평등하여 아래·위가 없으니, 이것을 이름하여 아뇩다라삼먁삼보리〔크나큰 깨침〕라고 하느니라."(『반야경』)
3) "마치 어머니가 목숨을 걸고 외아들을 아끼듯이, 모든 살아 있는 것에 대해서 한량없는 자비심을 내라. 또한 온 세계에 대해서 한량없는 자비를 행하라. 위·아래로, 또 옆으로 장애와 원한과 적의가 없는 자비를 행하라."
(『숫타니파아타』「사품」1자비)

## 혼자서 맛있는 것을 먹는다면

**36** "혼자서 맛있는 것을 먹는다면, 이것은 파멸의 길이다."

이 말씀 듣고 나는 내 삶을 반조(返照, 되돌아 비춤)합니다. 이 거리와 이 동포들을 바라봅니다. 나는 스스로 묻고 있습니다.

'나는 혼자서 먹고 있지 않은가? 우리는 혼자서 먹고 있지 않은가? 우리는 남의 몫까지 먹고 있는 것은 아닌가? 나 때문에 굶주리는 동포는 없는가?'

'나는 그렇지 않다. 우리는 그렇지 않다. 우리 세상 우리나라는 그렇지 않다.' 벗이여 우리는 이렇게 장담할 수 있습니까?

'잘 살고 못사는 게 다 타고난 복(福)이다. 자유경쟁인데, 무슨 상관이랴.' 벗이여, 우리는 속으로 이렇게 자만하고 있는 것은 아닙니까?

**37** 이 거짓된 장담과 자만을 깨우치기 위하여 석가모니께서는 맨발로 밥을 비시며 이 거리로 행진해 오십니다. 천이백오십 명의 대중들은 일체의 신분과 빈부의 차별을 벗어 강물에 던져 버리고, 다만 '여래중, 진리의 대중' 한 이름으로 서로 어울려 바다처럼 이 역사 위로 행진해 오십니다.

행렬의 맨 앞줄에서 석가모니께서는 이렇게 외치고 계십니다.

"조촐한 믿음으로, 보시(布施)를 행하면
이 세상에서나 저 세상에서나
이르는 곳곳마다
행복의 열매는 그림자같이 따르리.

그러므로, 탐욕을 버리고
조촐한 보시를 행하라.
보시를 행하고 마음에 기뻐하면

이 생(生)에서나 저 생(生)에서 복을 받으리."    -잡아함경 36-

***38*** "조촐한 보시를 행하라."

정녕 이러합니다. '보시, 널리 베풂', 이것이 석가모니께서 이 세상에 세우신 제1법입니다. 평등 사회를 건설하는 평화의 제1법입니다. 자신을 싸워 이기고, 동포들과 함께 바다처럼 어울려 하나되는 니르바나의 제1법입니다.

석가모니께서는 스스로 이렇게 사시면서, 만나는 사람에게, "보시를 행하라, 힘껏 베풀어라." 먼저 이렇게 권면하십니다. "힘껏 베풀고, 계율을 잘 지키면 하늘나라에 태어나리라〔生天〕." 매양 이렇게 인도하십니다. 이것이 깨침〔보리, Bodhi〕에 이르는 기초 단계인 '보시(布施)—지계(持戒)—생천(生天)'의 삼론(三論)입니다.

***39*** 석가모니께서는 실로 진리대로 말씀하시고, 말씀대로 행(行)하십니다. 평등사회를 세우시기 위하여 자신의 팔십 생애를 남김없이 베푸셨습니다. 삶의 한 순간 순간을 온전히 베푸셨습니다.

룸비니(Lumbinī)에서 구시나가라(Kusinagara)까지.[4]

그의 육신이 쇠진하여 무너져 내리는 마지막 순간까지 석가모니께서는 진리의 수레〔法輪—법륜, Dharma-Cakra〕를 이끄시고, 가난하고 천대 받는 민중들을 찾아 거리 거리, 마을 마을로 고행하십니다. 베풀며 베풀며 행진하십니다.

누더기 한 벌과 바리때 하나.

이것이 진리의 왕이신 석가모니의 전재산입니다.

---

4) 참고문헌 • 와다나베 쇼오꼬/법정 역 『불타 석가모니』 지식산업사, 1981
         • 增谷文雄/李元燮 역 『阿含經 이야기』 현암사, 1976
         • 김재영 『룸비니에서 구시나가라까지』 동국역경원, 1978

**40** '부처님, 그분은 누구신가?'

　벗이여, 이렇게 의심나거든 우리는 마땅히 저 초라하고 작은 석가모니를 볼 것입니다.

　'불교가 무엇인가? 불교는 지금 여기서 무엇을 할 것인가?' 벗이여, 이렇게 의심나거든 우리는 마땅히 저 부처님을 좇아 나설 것입니다. 나와 당신도 저 천이백오십 명의 여래중(如來衆) 속으로 성큼 한 발 나설 것입니다. 석가모니와 같이, 우리 스스로 가난한 고행자(苦行者)가 되어, 저 거리의 음지(陰地)를 찾아 묵묵히 행진할 것입니다.

　이제 보리자(菩提子)는 노래합니다.

"훨훨 벗어 버리고
이 거추장스런 의상들
화려한 명함들
감투들
훨훨 벗어버리고
맨 몸 되어
님의 행렬을 좇아 나섭니다.

청계천 하수(下水)처럼
한데 어울려
살을 비비며
얼싸안으며
여래성중(如來聖衆)이 되어
연꽃을
평화와 사랑의 연꽃을 피웁니다."

**회향발원**(무소유의 삶을 향하여)

자비하신 부처님,

저희는 님 앞에 엎드려 두 손 모으고, 사밧티 거리를 행진하시는 님의 행진을 보고 있습니다. 누더기를 받아 기운 가사 입으시고 발우 드시고 맨발로 걸으시며 일곱 집을 차례로 밥을 비시는 님의 고요한 행진을 우러러 보고 있습니다. 저희는 생각하고 있습니다. 저것이, 저러한 님의 행진이 인간과 이 세상을 근원적으로 바꿔놓는 무소유의 삶, 무한한 나눔의 삶인 줄을 깊이 명상하고 있습니다.

무한한 생명의 원천이신 부처님,

누더기 한 벌 바리때 하나, 저희도 이 길로 행진하도록 인도하소서.

-석가모니불 정근-

**찬불가** 진리의 행진곡

**내용익힘**

1. 다음 문장을 완성해 봅니다.
   ① 식사때가 되자 (     )께서는 (     ) 입으시고 (     ) 가지시고 (     )성으로 들어가셨다. 성중에서 차례로 (     )을 비시고 본처로 돌아오셨다.
   ② 석가모니께서는 단지 (     )의 고통을 구원하시는데 머물지 않으십니다. 이 (     )·(     )·(     )를 본질적으로 바꾸시려는 것이 석가모니의 가장 뿌리 깊은 (     )의 하나입니다.
   ③ (     ), 널리 베풂, 이것이 석가모니께서 이 세상에 세우신 (     )입니다. (     )를 건설하는 평화의 (     )입니다. (     )을 싸워 이기고, (     )들과 함께 바다처럼 어울려 하나되는 니르바나의 (     )입니다.
2. 다음 물음에 간결하게 대답해 봅니다.
   ④ 삼의일발(三衣一鉢)이 무엇인가?
   ⑤ 석가모니께서는 왜 백정의 딸 프라크리티를 스님으로 받아들이

셨는가?
⑥ 석가모니께서는 왜 평등사회를 실현하려고 하셨는가?

**교리탐구** 초기 수행자의 생활법인 '사의지(四意止)'가 무엇인가?


**실천수행** 일주일 동안 열심히 일하고 절약해서 모은 귀한 재물을 깨끗한 봉투에 넣어 정기법회에 나아가 정성껏 부처님 앞에 보시합니다.

## 단원정리

● **합송** 누더기 한 벌 바리때 하나로

**법사** 대중들이여, 경건히 합장 경청하고 응답하십시오. 선남자 선여인들이여, 붓다 석가모니는 어떤 분이십니까?

**대중** 우리 붓다 석가모니는 일체를 이긴 승리자, 위없는 우리들의 스승이십니다. 우리 붓다 석가모니는 우주만유의 진리를 여실히 깨치신 부처님, 진리의 왕, 진리의 바퀴를 굴려 눈 어둔 중생들을 광명으로 인도하십니다.

**법사** 선남자 선여인들이여, 붓다 석가모니의 몸은 무엇 때문에 황금색 광명으로 빛나고 있습니까?

**대중** 우리 붓다 석가모니께서는 삼십이상의 찬란한 육신과 헤아릴 수 없는 신비한 능력을 두루 지니셨기 때문입니다. 미간에는 백호가 광명을 발하고 음성은 사자후, 산과 강과 들판으로 울려 퍼집니다. 마음은 평화롭고 신념은 태산 부동, 천안으로 온 누리 살피시고 전생과 내생을 통찰하시며 중생의 심정을 낱낱이 다 아시고 크나큰 자비심으로 구원하십니다.

**법사** 선남자 선여인들이여, 붓다 석가모니는 무엇 때문에 으뜸가는 승리자이십니까?

**대중** 우리 붓다 석가모니는 마왕 파순과 마군의 무리를 여지없이 꺾어 이기셨기 때문입니다. 우리 모두의 마음속에 숨어 있는 온갖 어둔 그림자들, 탐욕과 미움과 애착과 권태와 수면과 공포, 무지와 이기심을 여지없이 꺾어 이기셨습니다. 우리 붓다 석가모니는 정녕 용사중의 용사이십니다.

**법사** 선남자 선여인들이여, 붓다 석가모니께서는 무엇 때문에 맨발로 걸식하며 오십니까?

**대중** 우리 붓다 석가모니께서 탐욕스런 물욕과 지배욕으로 더럽혀진

이 사회와 이 나라와 이 세계를 크게 바꾸려 원하시기 때문입니다. 이 역사와 이 세상 가운데에서 계급이 없고 귀천이 없는 평등한 정토를 실현해 내기 위하여 옷 한 벌 바리때 하나 드시고 맨발로 걸어 우리에게로 오십니다. 모든 것을 다 포기하고 모든 것을 다 베풀며 오십니다.

**함께**  우리도 부처님같이 살고 싶어라. 우리 붓다 석가모니께서 누더기 한 벌 바리때 하나로 사셨듯이, 끝없이 포기하며 끊임없이 베풀며 사셨듯이, 우리도 이 번잡하고 탐욕스런 의식주에서 벗어나 검소하게 살며 이웃 형제들과 더불어 힘껏 정성껏 함께 나누며 살고 싶어라. 우리도 부처님같이 살고 싶어라.　　　　　　　　　－석가모니불 정근－

- **창작** '로히니 강변의 기적'을 녹음 구성으로 발표합니다.
- **법담** '초기 수행자들의 삶의 방식〔사의지(四意止)〕에 비추어서 오늘날 우리들의 의식주의 방식이 얼마나 바뀌있는가? 또 이러한 변화는 바람직한 변화인가'에 대해서 토론합니다.

## 제 3 장

# 님은 지금
# 어디 와 계시는가

"바카리여, 법(法)을 보는 자는 나를 보고 나를 보는 자는 법을 보리라. 그러므로 나를 보려거든 법을 보아라."

－바카리경－

**이끄는 말**

하늘과 땅 위에

① 부처님은 누구신가?
부처님의 실체는 무엇인가? 부처님은 무엇으로써 몸을 삼으시는가? 어찌하여 부처님은 '하늘과 땅 위에 나홀로 존귀하다'하시는가? 무엇 때문에 우리는 항상 우리 곁에 계시는 부처님을 보지 못하는가?

② 3장은 「법신(法身)의 장」입니다. 부처님의 참된 몸인 법신(法身)에 관하여 공부할 것입니다. 우리는 여기에서 부처님의 진면목을 발견할 것입니다. 진리광명이신 부처님, 하늘과 땅 위에 홀로 존귀하신 님의 무한한 서원과 자비심을 깨닫고, 항상 우리와 함께 하시는 부처님을 보게 될 것입니다.

③ 이제 우리는 두 손 곱게 모으고 부처님 앞에 섰습니다. 솟아오르는 환희심으로 기원합니다. '항상 함께 하시는 자비하신 부처님.'

## 바카리의 마지막 소원

부처님께서 라자그라하 성 밖 죽림정사에 계실 때였다. 바카리(Bhakkali)라는 비구는 어떤 도공(陶工)의 집에서 앓고 있었다. 병은 날로 위독해 회복하기 어려워졌다. 그는 곁에서 간호하고 있는 스님을 불러 부탁하였다.

"스님, 미안하지만 세존께서 계시는 죽림정사에 가서 세존께 제 말을 전해 주세요. 제 병은 날로 깊어서 도저히 회복할 수 없을 것 같습니다. 마지막 소원으로 저는 부처님을 한 번 뵈옵고 예배를 드리고 싶은데, 이 몸으로는 정사까지 갈 수가 없습니다. 이런 저의 뜻을 세존께 좀 사뢰어 주십시오."

간호하던 스님은 부처님 처소로 가서 사정을 고하였다. 부처님께서는 곧 성안에 있는 도공의 집으로 가셨다. 부처님께서 오시는 것을 보자, 바카리는 자리에서 일어나려고 앓는 몸을 뒤척였다. 부처님께서는 바카리의 머리맡에 앉아, 뼈만 앙상하게 남은 그의 손을 잡으시고 눈물을 흘리시며, 일어나지 못하도록 만류하셨다.

"바카리여, 그대로 누워 있거라. 일어날 것 없다. 병은 좀 어떠냐? 음식은 좀 먹었느냐?"

"세존이시여, 고통은 심하고 음식은 통 먹을 수가 없습니다. 소생할 가망이 없습니다."

"바카리여, 그대는 원하는 것이 없느냐?"

"세존이시여, 저는 지금 간절히 원하는 바가 있습니다. 제가 죽기 전에 마지막으로 세존께 예배를 올리고 싶습니다."

부처님께서 고요히 말씀하셨다.

"바카리여, 이 썩어질 몸을 보고 절해서 무엇 하겠느냐?"

"법을 보는 자는 나를 보고, 나를 보는 자는 법을 보리라. 그러므로 그대는 나를 보려거든 법을 보아라".

－아함경 바카리경－

## 9과 • 법을 보는 자는 나를 보리라

"바카리여, 이 썩어질 몸을 보고 절해서 무엇 하겠느냐. 법(法)을 보는 자는 나를 보고 나를 보는 자는 법을 보리라. 그러므로 나를 보려거든 법을 보아라."
―바카리경―

**탐구과제**
• 부처님의 참된 몸이 무엇인가를 명상합니다.
• 왜 우리는 '항상 함께 하시는 부처님'이라고 말하는지 그 까닭을 깨닫습니다.
• 부처님의 광명이 얼마나 찬란한 것인가를 환희 찬탄합니다.

### 깨친 이의 몸은 영원한 것

*1* '부처님을 뵈옵고 싶다. 부처님께 예배드리고 싶다.'
　이것은 저 바카리만의 소원은 아닙니다. 치유할 수 없는 불치병의 선고를 받고, 꺼져가는 생명의 불꽃을 바라보면서, 우리는 부처님의 따뜻한 구원의 손길을 그리워합니다. 사랑하는 가족의 불행을 목격하고 잠들 수 없는 깊은 밤, 우리는 부처님의 정다운 음성을 그리워합니다. 가까운 친구에게 배신당하고 분노로 가슴이 터질 것 같은 반목(反目)의 순간, 우리는 부처님의 고요한 미소를 그리워합니다. 폭력이 평화를 파괴하고, 횡포한 자들이 평등의 정의를 유린하는 날 우리는 돌아서 눈물 삼키며, 부처님의 고행을 그리워합니다.

*2* 우리는 가만히 손 모으고, 그리움으로 찾고 있습니다.
　'부처님은 어디 계신가? 부처님은 지금 어디 계신가?'

바로 이 때, 저 깊은 곳으로부터 한 목소리가 들려옵니다. 어머니 음성 같은 다정한 모음(母音)이 우리에게로 가까워 옵니다.

"벗이여, 법(法)을 보는 자는 나를 보고, 나를 보는 자는 법(法)을 보리라."

**3** "법을 보는 자는 나를 보리라."

그럼 우리 부처님은 육신이 아니시란 말씀인가? 지금 우리도 저 자애로우신 부처님을 만나 뵈올 수 있단 말씀인가?

부처님께서 춘다의 마지막 공양을 받았을 때 일을 생각합니다.

그때 부처님께서 버섯 공양을 잡수시고 중태에 빠지셨습니다. 아난다 등 대중들이 춘다를 원망하고, 춘다는 죄책감과 슬픔으로 통곡하였습니다.

이 때 세존께서 춘다를 위하여 말씀하십니다.

"일찍이 소녀 수자타로부터 우유죽을 공양받고, 깨침을 얻었을 때와[1], 지금 춘다로부터 버섯 공양을 받고 입멸(入滅)을 맞이할 때와, 그 과보(果報)에는 아무 차별이 없느니라. 무슨 까닭인가? 깨친 이〔Buddha〕의 몸은 영원한 것이어서, 태어난다든지, 먹는다든지, 죽는다든지 하는 일이 없는 까닭이니라." ─열반경 춘다품─

**4** "깨친 이의 몸은 영원한 것이어서……."

그러나 무슨 말씀이신지 알아들을 수가 없습니다.

'그럼 깨친 이의 몸, 여래(如來)의 몸은 어떤 것인가? 어떤 몸이기에, 나지 않고, 먹지 않고, 죽지 않는다'고 하시는가?

---

1) 싯타르타는 가야산(Gayā 山) 고행림(苦行林)에서 전념하던 6년 고행을 포기하고, 극도로 쇠잔한 몸으로 하산하다가 우르벨라촌(村)의 소치는 소녀 수자타(Sujātā, 善生女)로부터 유미죽〔우유죽의 일종〕을 공양받고 기력을 회복하여 성도하셨다.(『본생경』 1)

부처님의 상수제자(上首弟子) 마하 카샤파(Maha-Kāsyapa, 迦葉尊子)도 이렇게 의심하고 있을 때, 세존께서 그 마음을 아시고 말씀하십니다.

"선남자(善男子)야, 여래의 몸은 항상 머무는 몸〔常住身〕이니, 가히 부수지 못할 몸이며, 금강같이 견고한 몸〔金剛身〕이라, 잡식(雜食)하는 몸이 아니니, 이것이 곧 법신(法身)이니라."

－열반경 금강신품－

## 진리광명으로 몸을 삼으시니

**5** 그래도 우리 귀는 뚫리지 않습니다. 카샤파가 여쭈었습니다.
"세존이시여,
부처님께서 말씀하신 바와 같은 몸을 저는 모두 보지 못하고, 오직 무상하고 무너지고 잡식하는 몸만 보았습니다. 어째서냐 하면, 여래께서는 지금 당장 입멸에 드시려 하기 때문입니다."
"그대는 이제 여래의 몸이 견고하지 않아서, 피괴될 수 있는 범부의 몸과 같은 것이라고 생각하지 말라.
선남자야, 그대는 이제 마땅히 알라. 여래의 몸은 한량없는 억겁(億劫)에도 견고하여 파괴되거나 두려운 몸이 아니며, 잡식하는 몸도 아니다. ……
카샤파여, 이제 마땅히 알라. 부처의 몸은 금강의 몸〔金剛身〕이니 그대는 오늘부터 이 도리를 오로지 생각하라, 육신을 생각해서는 안 되느니라.
'부처의 몸은 법신(法身)이시다.' 사람들 앞에 나아가 이렇게 선포하라."

－열반경 금강신품－

**6** "부처의 몸은 법신이시다."

거듭되는 부처님의 법문을 통하여 우리가 확실히 알게 된 것은 부처님의 몸은 육신(肉身)이 아니라는 것과, 부처님의 참몸[眞身]은 법신이라는 진실입니다.

이것은 참 마른 하늘에 뇌성(雷聲)이 울리듯 놀라운 소식입니다. 하늘 땅이 개벽[天地開闢]하는 경이적(驚異的)인 선언입니다. 이 경이로운 말씀 듣고, 나와 당신은 놀라 일어날 것입니다. 눈을 부릅뜨고, 귀를 크게 열어, 이 말씀을 주목하고 경청할 것입니다.

어쩌면 여기에서 그토록 갈망하던 불멸(不滅) 불사(不死)의 길이 하나의 명백한 현실로 열려올지 모릅니다.

**7** 법(法)이 무엇인가?

법(法, Dharma)은 곧 진리입니다.

저 우주 만물 속에 변만(遍滿, 두루 차 있음)하고 나와 당신 속에 넘쳐흐르는 무한의 진리, 무한한 생명의 진리, 이 진리를 인도에서 'Dharma'라 하고, 이 Dharma를 뜻으로 옮겨 법(法)이라고 한 것이지요. 법은 곧 만고불변(萬古不變)의 대진리(大眞理)입니다.

부처님의 몸은 바로 이 법, 곧 진리 자체(眞理自體)입니다. 부처님은 이 법으로써 그 몸을 삼으시는 까닭에, 우리는 이 부처님을 '법신(法身, Dharma-kāya), 법신불(法身佛)' 이렇게 부르고, 혹은 '비로자나불(毘盧遮那佛), 비로자나 법신불' 이렇게 찬탄합니다. '비로자나(Vairocana)'란 '환하게 빛난다, 광명이 두루 비춘다[光明遍照-광명변조]' 이런 뜻이기 때문에, '비로자나 법신불'은 '광명으로 두루 환하게 비추시는 진리이신 부처님, 광명이신 부처님' 이런 뜻입니다.

세존께서 말씀하십니다.

"이 광명은 곧 여래다.[2] 여래는 곧 상주(常住)이시다.
광명을 대자대비라 이른다. 대자대비는 곧 상주이다. ……"

―열반경 고귀덕왕보살품―

**8** '부처님의 참 몸은 법신, 곧 진리이시다. 그런 까닭에 부처님께서는 곧 광명이시고, 큰 자비이시며, 곧 상주불멸(常住不滅)이시다.'

이제 우리는 이런 진실에 도달하였습니다.

부처님의 몸은 진리 광명이십니다. 결코 육신이 아니며, 형상도 아닙니다. 색깔도 아니며, 모양도 아닙니다.

그런 까닭에 부처님의 몸은 보기 어렵습니다. 보기 어렵기 때문에, '부처님은 아니 계신다.' 이렇게 말하면서 돌아서는 사람들도 많고, '형상 있는 신(神)'을 찾아서 헤매는 사람들도 많습니다.

**9** 그러나 이것은 착각이고, 더럽혀진 생각입니다. 형상이나 모양이 없다고 해서, '이 세상에 광명은 존재하지 않는다.' 이렇게 우리가 주장할 수 있겠습니까? 형상이나 모양이 없다고 해서, '이 세상에 공기는 존재하지 않는다.' 이렇게 우리가 주장할 수 있겠습니까?

'우리 눈에 보이지 않는다고 해서 존재하지 않는 것은 아니다' 라는 진실쯤은 이미 우리는 다 알고 있습니다. 밤하늘의 극히 희미한 별 하나가, 실상 이 지구보다 몇 천만 배 더 큰 엄청난 하나의 세계라는 천문학의 상식을 생각하면서, 이 크나큰 우주 속에는 우리 눈으로 볼 수 있는 것보다는 볼 수 없는 세계가 훨씬 더 많다는 진실을 긍정하지 않을 수 없습니다.

---

2) '여래(Tathāgata)'는 여래십호의 하나로서 '여래여거(如來如去)'의 준말. '진리에서 오신 분, 진리로 가시는 분'이란 뜻.

## 항상 함께 하시는

**10** 부처님은 진리 광명으로 계십니다. 지금 여기, 온 누리를 찬란하게 비추시며, 나와 당신과, 사슴과 진달래와, 신과 사람과……, 천지만물 하나하나를 낱낱이 비추시며 엄연히 계십니다. 다만 나와 당신을 구원하시기 위하여 때로는 모습을 보이시고, 때로는 모습을 숨기십니다.

경(經)에서 말씀하십니다.

"달이 이곳에서 넘어가면, 사람들은, '달이 졌다'하고, 다시 달이 돋으면, '달이 떴다'고 한다. 그러나 달은 항상 머물러 뜨고 짐(出沒)이 없는 것이다.

부처님도 달과 같아서 항상 우리와 함께 계시어 생멸(生滅)이 없는 것이지만, 다만 사람들을 가르치기 위하여 생멸을 보이신다.……"

― 화엄경 ―

**11** '진리이신 부처님
광명이신 부처님
자비이신 부처님
항상 우리와 함께 하시는 부처님.'

마음이 깨끗한 사람은 이 부처님을 봅니다. 진실되게 사는 사람은 이 부처님을 만납니다. 달처럼 아름답고 해처럼 찬란한 부처님을 만납니다. 부처님을 만나면, 모든 근심 걱정은 얼음 풀리듯 사라지고, 평화와 기쁨이 온 몸 가득 넘칩니다. 결코 죽지 아니합니다.

왜?

부처님은 법신(法身), 진리를 몸으로 삼으시기 때문입니다.

진리〔法, Dharma〕는 모든 것의 생명이고, 모든 것을 비추고, 모든 것을 생장(生長)시키고, 모든 것을 해결하고, 모든 것을 축복하고…….

**12** 마음이 깨끗한 어린 구도자(求道者) 보장엄 동자(寶莊嚴童子)는 부처님을 뵈온 기쁨을 이렇게 노래하고 있습니다.

"천 개의 해가 함께 나타나
허공을 두루 비추듯
여기 도량(道場)에 앉으신 님〔佛〕으로부터
광명, 오 무량한 광명이여,
한량없는 겁(劫, Kalpa, 오랜 세월)에도 만나 뵈옵기 힘든
님께서 분명 여기 와 계시니
모두들 우러러 뵈옵네, 태양처럼 태양처럼.
님의 광명은 구름인가. 하늘가 저기
오색도 영롱한 곱디 고운 구름인가.
한 분의 님이시되
어디서나 뵈옵는 것을.

구멍으로부터
님의 털구멍으로부터 구름 일 듯
뭉게뭉게 구름 일 듯 빛이 쏟아져
중생의 소리따라
님의 공덕 기리고 있노니,
우렁찬 그 음성

이 광명 뵈오매

얼음 풀리듯 괴로움 사라지고
편안코 즐거워
기쁨이여, 가슴 가득 온 몸 가득
채워오는 이 기쁨이여."

-화엄경 노사나품-

**회향발원**(무한한 생명의 원천이시니)
　자비하신 부처님,
　님은 찬란한 광명이십니다. 눈부시도록 찬란한 진리광명이십니다. 하늘의 태양이 이 지상의 모든 생명들을 비추시듯, 임께서는 대광명을 놓으사 저희들을 낱낱이 비추시고 계십니다. 저희가 대지에 뿌리 내리고 힘차게 성장하며 아름다운 꽃을 피우고 열매 맺을 수 있도록 무한한 자비 광명으로 비추고 계십니다. 그런 까닭에 임은 저희 생명의 무한한 원천이시며 원동력이십니다.
　무한한 생명의 원천이신 부처님,
　음지의 그늘에서 벗어날 수 있도록 저희를 밝게 비추소서.

-석가모니불 정근-

**찬불가**　법신 찬양가

**내용익힘**
1. 다음 문장을 완성해 봅니다.
　① 바카리여, (　　)을 보는 자는 (　　)를 보고 (　　)를 보는 자는 (　　)을 보리라. 그러므로 (　　)를 보려거든 (　　)을 보아라.
　② 카샤파여, 이제 마땅히 알라. 부처의 몸은 (　　)의 몸이니 그대는 오늘부터 이 도리를 오로지 생각하라. (　　)을 생각해서는 안 되느니라. '부처의 몸은 (　　)이시다.'

사람들 앞에 나아가 이렇게 선포하라.
③ (    )이신 부처님, (    )이신 부처님, (    )이신 부처님, 항상
   (          ) 부처님.
2. 다음 물음에 간결하게 대답해 봅니다.
   ④ 비로자나불이란 무슨 뜻인가?

   ⑤ 부처님은 왜 상주불멸(常住不滅)이신가?

   ⑥ 부처님은 왜 우리 생명의 원천이신가?


**교리탐구** "불교는 우상 숭배다." 이런 주장에 대하여 어떻게 응답할 것인가?


**실천수행** 하루 세 번씩 단정히 앉아서 조용히 눈감고 금빛 찬란한 부처님상을 바라보면서, 부처님의 광명이 내게로 다가와 내 온몸을 휘감고 빛을 발하는 광경을 관(觀)합니다.

## 10과 • 무수한 국토 위의 무수한 부처님

"모든 세계에는 갖가지 형태가 있거니와, 어느 형태의 세계에서나 존귀한 불법이 설해지고 있다. 이것이야말로 비로자나불의 설법이다."

― 법화경 노사나품 ―

**탐구과제**
- 불교에서는 이 우주를 무엇으로 보는가를 깨닫습니다.
- 부처님은 공간적으로 어떻게 그 모습을 나타내시는가를 관찰합니다.
- 조석예불을 어떻게 일상화할 것인가를 생각하고 실천합니다.

### 마지막 한 생명을 위하여

*13* "뭉게뭉게 구름일 듯 빛이 쏟아져."

정녕 이러합니다. 부처님의 광명(佛光)은 구름처럼 일어나 온 누리 모든 세계를 넉넉히 포용하고, 낱낱이 비추고 계십니다. 실로 부처님 진리 광명이 넘쳐 흐르지 않는 곳이 없고, 비추지 아니하는 세계가 없습니다.

이 우주는 바야흐로 한 광명의 세계로 어울렸습니다. 시방세계(十方世界, 十方은 동·서 남·북과 그 사이사이와 위·아래의 열 방향)가 부처님 광명 속에 서로 만났습니다. 그래서 이 우주 시방세계를 통틀어, '법계(法界), 진리의 세계', '일진법계(一眞法界), 한 진리의 세계' '일불국토(一佛國土), 한 부처님의 나라', 이렇게 찬

탄해 왔습니다.[1]

**14** 부처님은 형상이 아닙니다. 모습이 아닙니다. 무한한 진리 광명입니다.

그러나 부처님은 이제 형상을 나투십니다[나타내신다]. 미묘하고 찬란한 모습으로, 낱낱 세계 위에 나타나십니다. 달처럼, 해처럼 나타나십니다.

무슨 까닭인가?

부처님 자신의 성스러운 역할[聖役]을 실현하려 하시기 때문입니다. 부처님 자신의 뜻을 펴려하시기 때문입니다.

전기(電氣) 에너지는 본래 어떤 형상이 아닙니다. 형상이 아닌 채 모든 세계 속에 충만해 있습니다. 그러나 전기 에너지는 그 역할을 수행하기 위하여 이제 팔당댐의 발전기를 통하여 그 형상을 나타내는 것입니다.

**15** 부처님의 성역(聖役)이 무엇인가? 이 세상에 펴시려는 부처님의 뜻이 무엇인가?

석가모니께서 성불(成佛)하시기 위하여 처음으로 셜심하실 때, 스스로 세우신 맹세를 우리는 다시 경청하고 있습니다.

석가모니께서 이렇게 발원하십니다.

"이 세상에서 고통받는 중생들이 끝없이 많으매, 내 부처되어 마지막 한 생령까지 기어이 건지리라."  　　　　　　　-불본행집경-

---

1) '일진법계(一眞法界)'는 『화엄경』을 바탕으로 법계연기설(法界緣起說)로 전개되고 (金東華, 「佛敎學槪論」 寶蓮閣, 1980, p. 238~276)
'일불국토(一佛國土)'는 『법화경』을 바탕으로 불계연기설(佛界緣起說)로 전개됨(앞의 책, p. 294~316)

## 미묘하고 찬란한 모습으로

**16** "마지막 한 생명까지 기어이 건지리라."

우리는 이것을, '부처님의 본원(本願), 본서(本誓)' 이렇게 부르거니와 '본래 염원, 본래 맹세'란 뜻입니다. 바로 이 본원이 부처님의 성역불사(聖役佛事)이고, 그 깊은 뜻입니다.

이제 법신이신 비로자나 부처님께서 크나큰 본원을 실현하기 위하여 이 세계로 오십니다. 하나의 세계 하나의 국토로만 오시지 않고 모든 세계, 모든 국토로 오십니다. 미묘하고 찬란한 형상으로 오십니다. 오셔서 법을 설하시고 불사(佛事)를 전개하십니다.

경(經)에서 이렇게 말씀하십니다.

"모든 세계에는 갖가지 형태가 있거니와, 어느 형태의 세계에서나 존귀한 불법(佛法)이 설해지고 있다. 이것이야말로 비로자나불의 설법이다. 이것은 비로자나불의 본원력(本願力, 본원의 힘)과 신통력(神通力, 기적을 행하시는 힘)의 소치이다. 이것은 마치 환상 같고, 허공과 같다."
― 화엄경 노사나품 ―

**17** 미묘하고 찬란한 모습으로 오시는 부처님.

우리는 이 부처님을 '보신불(報身佛, Sam-bhoga-kāya), 모습으로 오시는 부처님'[2] 이렇게 찬탄하거니와, 이 크나큰 우주 속에는 실로 많은 세계가 있기 때문에 모습으로 오시는 부처님도 무수히 많으십니다. 전기 에너지를 일으키는 발전기가 무수히 많고 한 뿌리 위에서 자라는 줄기와 가지가 무수히 많은 것과 같은 이

---

2) 법신불을 '청정법신 비로자나불(淸淨法身, 毘盧遮那佛), 맑고 깨끗한 진리 광명이신 부처님', 보신불을 '원만보신 노사나불(圓滿報身 盧舍那佛), 원만한 모습과 권능의 부처님'이라고 부른다.

치이지요.

그래서 불경(佛經)에는 무수히 많은 국토가 존재하고, 그 국토마다 무수히 많은 부처님이 등장하셔서, 설법 교화하고 계십니다.

경(經)에서 말씀하십니다.

"부처님의 법신(法身)은 중생의 뜻에 따라 모습을 나투시어, 한 부처님의 몸이 국토에 따라 한량없는 부처님으로 나타나시느니라."
-화엄경-

## 넓고 넓은 광명의 세계

**18** '무수히 많은 국토 위에 무수히 많은 부처님.'

이것이 부처님의 대우주(大宇宙)이고 찬란한 진리 광명의 세계입니다. 이 경지는 실로 우리의 상상력을 훨씬 뛰어 넘는 신비(神秘)이고 불가사의(不可思議)입니다. 조그마한 지구, 혹은 태양계 하나 놓고, '만들었다' '끝낸다' 하는 말들이 참 우습게 들리는 무변광명(無邊光明)의 세계입니다. 그래서 "이것은 마치 환상 같고, 허공과 같다" 한 것입니다.

**19** 『법화경(法華經)』은 이 무변광명한 부처님 세계의 한 모습을 이렇게 묘사하고 있습니다.

"그때 부처님께서 백호(白毫)의 한 광명을 놓으시니, 곧 동방(東方) 5백만억 나유타(Nayuta, 아주 큰 수량의 단위) 항하(恒河, 갠지스강)의 모래같이 많은 국토에 있는 여러 부처님을 볼 수 있거늘, 그 여러 국토는 땅이 파려(보배의 일종)로 되고, 보배 나무와 보배 옷으로 꾸며졌으며……, 그 국토의 부처님들은 크고 미묘한 음성으로 법(法)을 설하며……, 또 남·서·북방과 사유(四維,

동서 남북의 사이)·상하 어느 곳이나 백호의 광명이 비치는 곳은 모두 이와 같았다."

－법화경 견보탑품－

**20** '갠지스강의 모래알 같은 많은 국토 위에 많은 부처님, 이것을 비추시는 부처님의 광명.'

그러나 이것은 결코 환상도 아니고 문학적인 허구(虛構)도 아닙니다. 엄연한 실재(實在)의 세계이고, 우주 만유(宇宙萬類)의 참된 모습〔實相〕입니다.

현대 천문학에서는 백억 광년(百億光年)이란 세계가 있습니다. 빛의 속도로 백억 년 동안 달려서 도달하는 세계이지요. 벗이여, 이런 세계를 우리가 감히 상상할 수 있습니까? '1광년,[3] 빛이 1년 동안 달리는 넓이의 세계'라고 해도 꿈처럼, 공상 만화처럼 느껴지는데 어찌 '백억 광년의 세계'를 상상할 수 있겠습니까?

그럼에도 불구하고 광년세계(光年世界)는 분명히 실재하고, 전자 망원경의 발전에 따라 광년 세계는 실로 무한으로 확대되어 가고 있습니다. 이 광년 세계는 곧 무변 광명(無邊光明)한 부처님 세계의 한 부분임을 우리는 명상하고 있습니다.

**21** '항하사수(恒河沙數) 갠지스강의 모래알만큼 많은 숫자, 이런 항하사수의 5백만억 나유타 배(倍), 이러한 수만큼의 국토가 시방(十方)에 걸쳐 전개되다니……'

여기에 이르러 우리는 자신의 무력함 앞에 부닥치고 맙니다. 부처님의 광대 무변한 법계(法界)를 머리로서 헤아리려는 우리들의 발상이 처음부터 어리석었던 것임을 새삼 깨닫고 있습니다.

이제 우리는 광명으로 넘치는 무한의 세계를 굳게 믿으면서, 부

---

[3] 광파(光波) 또는 전파(電波)가 1년 동안 가는 거리. $9,463 \times 10^{12}$km에 상당하는 거리.

처님의 인도하심을 좇아 묵묵히 공부할 따름입니다. 눈 떠서 직관(直觀)하는 그날까지 부처님말씀 경청하고, 경(經) 읽으면서, 우리는 묵묵히 공부할 것입니다.

왜?

부처님 말씀 속에 진리의 바다가 출렁이고 있기 때문입니다. 부처님 경[佛經]은 곧 진리의 바다, 광명의 바다이기 때문입니다.

**22** 이제 보살님들이 우리를 향해서 권면하고 계십니다.

"훌륭한 불자(佛子)들아, 부처님을 섬겨 받들어라. 오직 한 마음으로 경례하여 부처님을 우러러 보아라. 부처님이 설하시는 바 진리는, 그 한 마디 속에도 가이없는 경권(經卷, 경전)의 바다를 흘러 나오게 하여, 일체 중생에게 감로(甘露, 不死·不滅의 생명수)의 비를 내리시고 있다. 부처님의 큰 지혜 바다는 속의 속까지 광명으로 비춰져서, 진리로 가는 모든 길이 그 속에 변만(遍滿)해 있다."

-화엄경 노사나품-

**회향발원**(둥글고 또한 밝은 빛은)

자비하신 부처님,

저 광활한 우주, 온 누리에 넘쳐 흐르는 님의 찬란한 광명의 바다를 보고 있습니다. 무수한 국토 위에서, 무수한 생명들을 위하여 설법하시는 무수한 님의 모습을 우러러 보고 있습니다. 비로자나 법신 부처님께서 마지막 한 생명까지를 구제하시려는 크나큰 원력으로 무수한 몸을 나투시어 고구정녕 법을 설하여 깨우치시는 장엄한 광경 앞에 저희들은 다만 오체투지 예배할 뿐입니다.

무한한 생명의 원천이신 부처님,

저희들의 이 지극한 예불을 받으소서.

-석가모니불 정근-

**찬불가**  예불가

**내용익힘**

1. 다음 문장을 완성해 봅니다.
   ① 모든 세계에는 갖가지 세계가 있으나 어느 형태의 세계에서나 존귀한 (　　)이 설해지고 있다. 이것이야말로 (　　　)의 설법이다.
   ② 이 우주는 (　　), 진리의 세계이며, (　　), 한 진리의 세계이며, (　　), 한 부처님의 나라입니다.
   ③ 부처님은 (　　)이 아니지만, 마지막 한 (　　)까지를 제도하시려는 (　　) 때문에 미묘하고 찬란한 (　　)으로 낱낱 세계로 나타나십니다.
2. 다음 물음에 간결하게 대답해 봅니다.
   ④ 일불국토(一佛國土)란 무슨 뜻인가?

   ⑤ 형상 아닌 부처님이 형상으로 오시는 까닭은 무엇인가?

   ⑥ '갠지스강의 모래알같이 많은 국토'란 무슨 뜻인가?

**교리탐구**  '시방삼세(十方三世)'에 담긴 부처님의 공간적 시간적인 존재 모습은 어떤 것인가?

**실천수행**  조석예불의 절차를 잘 이해하고 나 자신부터 조석예불을 실천해 갑니다.

## 11과 • 신 가운데 신, 사람 가운데 사람

"하늘과 땅 위에 나 홀로 존귀하네.
온 세상이 고통 속에서 헤매니
내 마땅히 이를 편안케 하리라."           -장아함경-

**탐구과제**
• 부처님께서 왜 "하늘과 땅 위에 나 홀로 존귀하다." 하셨는가, 그 도리를 생각합니다.
• 신(神)의 문제에 대한 불교의 명백한 태도가 무엇인지 발견합니다.
• 부처님을 어떻게 찬탄할 것인가를 깨닫고 실천합니다.

### 하늘과 땅 위에

**23** 무수한 세계 위의 무수한 부처님들.

저 무수한 세계 가운데에서 우리에게 가장 가까운 것이 사바세계(娑婆世界, Sabha)와 하늘세계(天界, Deva-loka)이지요. 사바세계는 바로 나와 당신이 지금 살고 있는 인간 세계이고, 하늘세계는 우리들의 내생(來生)과 관계 깊은 신(神)의 세계입니다.

부처님께서는 당연히 사바세계와 하늘세계를 제도하시기 위하여 미묘하고 찬란한 모습으로 오십니다. 사바세계에는 미묘하고 찬란한 인간의 모습으로, 하늘세계에는 미묘하고 찬란한 신(神)의 모습으로 오십니다.

사바세계에 인간의 모습으로 오시는 부처님을 우리는 '석가모니불'이라 부르고, 하늘세계에 신(神)의 모습으로 오시는 부처님을 우리는 '아미타불(阿彌陀佛)'이라 부릅니다.

***24*** '부처님은 누구신가? 그는 신(神)인가, 인간인가?'

오늘도 많은 사람들은 이렇게 의심하고 있습니다.

이 의심을 풀어주시기 위하여 부처님께서는 룸비니동산에 강생(降生)하시면서 사자처럼 크게 외치십니다.

"하늘과 땅 위에 나 홀로 존귀하네.
온 세상이 고통 속에서 헤매니
내 마땅히 이를 편안케 하리라."　　　　　　　　　-장아함경-

***25*** "하늘과 땅 위에 나 홀로 존귀하네. 천상천하 유아독존(天上天下 唯我獨尊)".[4]

한국인치고 이 한마디를 모르는 이는 아마 없을 것입니다. 갓 태어난 아기 왕자가 이렇게 외쳤다고 우리는 굳이 주장하려는 것이 아닙니다. 오히려 우리는 이 외침을 통하여 부처님 그분의 참 모습에 관한 무한한 암시를 발견하려는 것입니다.

부처님께서는 스스로, "하늘과 땅 위에서 홀로 존귀하다"고 선포하십니다.

무슨 까닭인가?

부처님께서는 하늘세계에서는 가장 거룩한 신(神)의 모습으로, 땅 위 세계에서는 가장 거룩한 성자의 모습으로 오시기 때문입니다. 그런 까닭에 부처님은 '세존(世尊, Bhagavat-바가바)'이십니다. 세존이란, '이 세상과 저 세상, 하늘 세계와 사바(娑婆) 세계, 신(神)의 나라와 인간의 나라, 모든 세계 모든 국토에서 가장 거룩하고 존귀하신 님' 이런 뜻입니다. '신(神) 가운데 신(神), 사람 가운데 사람' 이런 뜻이지요.

---

4) 『잡아함경』에도 이렇게 설해져 있다. "…나셔서는 곧 7보를 걷고 손을 들어 하늘과 땅을 가리키면서, '하늘과 땅 위에 나 홀로 존귀하다.' 외치셨다."

**26** '신 가운데 신, 사람 가운데 사람.'

정녕 이러합니다. '부처님께서는 신 가운데 신이십니다.(『열반경』「고귀덕왕보살품」22) 하느님 가운데 하느님〔天中天〕이십니다.(『법화경』「서품」)'

저 영산 회상(靈山會上, 영취산〔기사굴산〕에서 『법화경』을 설하시는 법회)에서 세존 스스로 이렇게 찬탄하십니다.

"그때 여러 하늘신〔梵天王-범천왕〕들이 곧 부처님 앞에 나아가서 일심으로 같은 소리를 내어 게송〔노래〕으로 말하였느니라.

성주(聖主)이신 천중왕(天中王)
가릉빈가(迦陵頻伽, 천 년에 한 번 우는 진귀한 새) 음성으로
중생 위해 설법하시니
우리 모두 공경하며…….

세상 모두 귀의하여
온갖 것을 구원 받고
중생의 아버지라
불쌍타고 주시는 이익

우리들 지난 세상
쌓아 올린 복덕으로
오늘날 이와 같이
세존을 만나 뵈옵네."

-법화경 화성유품-

## 신의 모습으로 인간의 모습으로

**27** "성주(聖主)이신 천중왕."

이 한 마디는 부처님과 신과의 관계를 잘 말해주고 있습니다. 불경(佛經) 속에 나오는 '천(天), 천왕(天王)'은 인도의 'Deva'를 옮긴 말로서, 곧 '신(神, God·하느님·하나님)'을 뜻합니다.

부처님 세계 속에는 무수한 신들과 신들의 나라〔天界, 天〕가 등장하고 있습니다. 저 광활한 우주는 하나의 밋밋한 하늘이 아니고, 차원과 질(質)을 달리하는 무수한 하늘들이 서로 어울려 돌아가는 복합적이고 구조적인 세계입니다.[5] 이러한 불교의 우주관은 현대 천문학이 해명해 가는 우주의 모습과 일치하고 있습니다. 태양계가 있고, 은하계가 있고, 더 큰 은하계가 있고…….

따라서 무수한 신(神, 天, 天王)들이 존재할 것은 당연한 이치인 것입니다.

성주(聖主)이신 부처님은 바로 이 무수한 신들의 모체(母體)로서, 곧 신들의 왕이시고〔天中王〕, 신 가운데 가장 존귀한 신(神)이십니다〔天中天〕.

**28** 역사적으로 볼 때도, 불교는 유일신교(唯一神敎)인 브라만교(Brahmān 敎)를 극복하고, 유일신(唯一神)을 뛰어 넘어서 세워진 종교입니다. 브라만교에서는 유일신 Brahmān〔梵天王·大梵天王이라함〕이 창조주로서 천지 만물과 인간을 창조하고 주재하고 있었습니다. 인간은 창조주 Brahmān에게 공양 바치고 기도함

---

5) 불교의 우주관 참고 문헌
 · 김동화, 『俱舍學』(文潮社, 1971)
 · 김지견, 『現代人을 위한 佛敎』(中央日報社, 1981) 中央新書 99.

으로써 구원받을 수 있다고 주장하였지요.[6]

그러나 불교 세계에 들어와서는, Brahmān은 부처님을 지키고 법을 청하는 하나의 수호신으로서 새 자리를 발견하게 됩니다.

절에 가 보면, 입구의 무서운 얼굴의 사천왕문(四天王門, 사천왕은 천신중의 한 부류)을 지나고 대범천왕(大梵天王)을 통과해서, 부처님 계시는 대웅전(大雄殿)으로 들어 가도록 되어 있습니다. 유일창조신(唯一創造神) Brahmān은 이제 하늘신 대범천왕이 되어서, 부처님을 지키면서, 부처님 성역(聖域)에 동참하고 있습니다.[7]

**29** 저 유명한 범천(梵天) 권청(勸請)의 장면을 통해서, 우리는 새로 정립된 부처님과 하늘신과의 관계를 잘 볼 수 있습니다.

부처님께서 붓다가야 보리수 아래 성도하시고, 깊은 법열(法悅)에 잠겨 계실 때, 하늘신〔Mahā-Brahmā〕이 나타나 이렇게 법을 청하고 있습니다.

"마가다〔國〕가 타락하고 더럽혀졌지만은
부처님께서 거기에서 나셨습니다.
원컨대 감로의 문(甘露門)을 열으사
중생들을 위하여 법을 설하소서."
　　　　　　　　　　　　　－율부 사분율 31－

---

6) 김동화,『原始佛敎思想』, p. 25~32.
　창조주〔生主〕 Brahmān은 말했다. '내 이제 번식하리라. 나의 수(數)가 많아지고, 스스로 열(熱)을 일으켜서, 그 열에 의하여 이 세상을 만들었다. 이에 의하여 신과 하늘과 땅의 삼계(三界)가 창조되었다.'(앞의 책, p. 27)

7) 대범천왕은 불교 우주 가운데 색계(色界, 형상·물질의 세계)의 제1단계 '初禪'의 최고신으로서 사바세계의 주재자이다. (김지견,『現代人을 위한 佛敎』, p. 58~59)

**30** 그럼 불교는 유신론(有神論)인가? 신(神)을 믿는가? 인간을 창조하고 심판하는 절대자는 존재한다는 것인가?

아, 아닙니다. 불교는 결코 유신론이 아닙니다. '인간을 창조하고 심판하는 그런 신·절대자'는 인간의 무지가 만들어낸 하나의 환상이고 착각이기 때문에, 부처님께서는 단호히 '그런 신은 존재하지 않는다'라고 선언하십니다.

신의 문제는 매우 어려운 문제입니다. 이론을 전개하면 끝이 없습니다. 그러나 이 문제에 대한 부처님의 태도는 확고부동합니다.

"인간을 창조하고 심판하는 신·절대자는 존재하지 않는다.
인간은 자주, 스스로 주인이다."

이것이 부처님께서 깨우쳐 보이신 진리입니다.

**31** '신·절대자는 존재하지 않는다.'

그렇다고 불교는 이 우주에는 인간의 세계만이 존재할 뿐이다. 이렇게 주장하는 것은 아닙니다. 이 광활한 우주 속에는 인간의 세계도 있고 신들의 세계도 있으며 동물들의 세계도 있습니다. 불교는 이 모든 세계를 다 인정하면서 구원의 대상으로 삼고 있습니다. 인간도 신도 동물들도 진리를 깨치지 못하는 한 고통받으며 방황하는 어리석은 존재, 곧 중생이기 때문입니다.

부처님께서는 이 중생들을 제도하기 위하여 이 모든 세계에 모습을 나투십니다. 인간의 모습으로, 신의 모습으로, 동물의 모습으로 몸을 나투시어 무한히 수고하십니다. 그래서 부처님은 룸비니 동산에서 사자후하십니다.

"하늘과 땅 위에 나 홀로 존귀하네.
온 세상이 고통속에서 헤매니
내 마땅히 이를 편안케 하리라."

## 온 누리에 비할 자 없어라

**32** '신 가운데 신, 사람 가운데 사람.'

무슨 까닭인가? 어찌하여 부처님께서는 신과 사람 가운데 홀로 존귀하신가?

부처님은 곧 법신이시기 때문입니다. 부처님의 몸은 무한히 맑고 깨끗한 진리 광명이신 까닭에, 부처님은 하늘과 땅 위에 홀로 존귀하십니다.

진리 광명은 모든 세계 모든 생명의 모체이며 근본입니다.

줄기와 가지와 꽃과 열매와 잎이 한결같이 한 뿌리에서 나오고, 또 한 뿌리로 돌아가듯, 하늘과 땅이 모두 이 진리 광명에서 나오고 진리 광명으로 돌아갑니다. 천등 만등(千燈萬燈)이 발전소의 발전기에서 나오고 또 발전기로 돌아가듯, 신과 사람과, 사슴과 진달래와, 해와 달과, 저 광활한 밤하늘의 무수한 별들이 모두 진리 광명이신 부처님께게 나오고 또 부처님께로 돌아갑니다.

**33** '하늘과 땅 위에 홀로 존귀하신 부처님.'

실로 이 우주 안과 밖에 실재하는 참 생명, 진실 생명은 진리이신 부처님, 비로자나 법신불(毘盧遮那法身佛) 한 분뿐이십니다. 부처님께서는 정녕 무한생명의 광명, 영겁으로 굽이치는 생명의 바다이십니다. 나도 당신도, 신도 사람도, 하늘도 땅도, 사슴도 진달래도……, 일체생명·일체존재·일체세계가 무한광명이신 부처님 바다 속으로 흘러들어 갑니다.

세존께서 이렇게 깨우쳐 보이십니다.

"카샤파여, 강물은 모두 바다로 흘러들어 간다. 이와 같이 사람이나 신(神), 땅이나 하늘에 있는 생명의 강물은 모두 여래의 생명 바다로 흘러 들어간다. 그런 까닭에 여래의 생명은 한량없느니라."
-열반경 장수품-

**34** '신(神)인가, 사람인가? 그는 하느님인가, 인간인가? 그의 능력은 어느 정도인가?'

이렇게 의심하고 있는 것은 비단 나와 당신뿐만 아닙니다. 하늘을 날으는 야차신(夜叉神, Yakṣa, 하늘신의 권속 가운데 하나)도 부처님을 만나 이렇게 시험하고 있습니다.

"수행승이여, 당신에게 묻겠소. 만약 내 질문에 대답을 못하면 당신의 마음을 산란케 하고, 당신의 심장을 찢은 뒤, 두 다리를 붙들어 갠지스강 건너로 내던지겠소."

"벗이여, 신(神)·악마(惡魔)·범천(梵天, 하느님)을 포함한 세계에서, 사문·바라문·신·인간을 망라한 모든 생명 중에서, 내 마음을 산란케 하고, 내 심장을 찢으며, 내 두 발을 잡아 갠지스강 건너로 내던질 만한 자를 나는 아직 보지 못하였다.

벗이여, 네가 묻고 싶은 것이 있거든 무엇이든 물어 보라."
-숫타니파아타 소품/수우칠로마 야차-

**35** '신·악마·하느님을 포함한 모든 세계에서, 사문·바라문·신·인간을 망라한 모든 생명 중에서.'

그러길래 저 야차신들은 세존 앞에 경배드리고 찬탄하고 있습니다.

"오늘 우리는 눈부신 태양을 보고, 아름다운 새벽을 만나, 상쾌한 기분으로 일어났다. 거센 흐름을 건너, 번뇌의 때〔垢〕가 묻지 않은 깨치신 이〔Buddha〕를 만났기 때문이다.

여기 천이나 되는 야차 무리들은 신통력이 있고, 명성도 있지만, 그들은 모두 세존께 귀의합니다. 당신은 위없는 스승이시기 때문입니다. 저희들은 이제 마을에서 마을로, 산에서 산으로 돌아다니겠습니다. Buddha와 진리의 뛰어난 덕성(德性)에 예배하면서."
-숫타니파아타 사품/설산야차-

**36** 벗이여, 다시 우리가 무엇을 의심하고, 비교하고, 망설이겠습니까? 저 하늘을 날으는 야차신(夜叉神)도 세존 앞에 나아가 경배 드리고 찬탄하는데, 우리가 어찌 머뭇거리고 있겠습니까? 이제 우리 차례입니다.

이제 우리 청(靑)보리들은 부처님 앞에 나아가 이렇게 노래합니다.

"하늘과 땅 위에
부처님 같으신 이 없네.
온 누리에 비할 자 없어라.
세상 모든 것 다 보아도
부처님 같으신 이 정녕 없어라

〔天上天下無如佛　十方世界亦無比
　世間所有我盡見　一切無有如佛子〕."
-불본행집경 8-


**회향발원**(꽃 한 송이 올리오며)
　자비하신 부처님,
　하늘과 땅 위에 홀로 존귀하신 부처님,
　하늘과 인간과 동물의 세계에서 방황하는 모든 중생들을 낱낱이 제도하시는 부처님,
　신 가운데 신이시며 사람 가운데 사람이신 부처님,
　이제 저희가 꽃 한 송이 임께 올리며 예배 드립니다. 임의 발 앞에

엎드려 예배 드립니다.
　저희 모든 것 임께 돌리며 기쁨으로 예배 드립니다.
　무한한 생명의 원천이신 부처님,
　저희를 끝없는 믿음의 길로 인도하소서.　　　　－석가모니불 정근－

**찬불가**　둥글고 밝은 빛은

**내용익힘**
1. 다음 문장을 완성해 봅니다.
　① (　　)과 (　　)위에 나 홀로 존귀하네. 온 (　　)이 (　　) 속에서 헤매니, 내 마땅히 이를 (　　)하리라.
　② (　　)과 (　　) 위에 (　　) 같으신 이 없네. 온 누리에 (　　) 없으니, 세상 모든 것 다 보아도 (　　) 같으신 이 정녕 없어라.
　③ 인간도 신도 동물들도 (　　)를 깨치지 못하는 한 고통받으며 방황하는 (　　) 존재, 곧 (　　)입니다.
　부처님께서는 이 (　　)들을 제도하기 위하여 (　　)의 모습으로 (　　)의 모습으로 (　　)의 모습으로 몸을 나투시어 무한히 수고하십니다.
2. 다음 물음에 간결하게 대답해 봅니다.
　④ "하늘과 땅 위에 나 홀로 존귀하네." 이 룸비니 사자후의 참뜻이 무엇인가?

　⑤ 신(神)에 대한 불교의 입장은 무엇인가?

　⑥ 왜 부처님은 '신 가운데 신, 사람 가운데 사람'이신가?

**교리탐구**  사찰 입구의 사천왕(四天王)은 어떤 신들인가?


**실천수행**  법회에 나아가 정성껏 꽃공양을 올리며 예배 드립니다.

## 12과 • 문 밖의 부처님을 맞이하라

"부처님의 마음은 대자대비한 마음이다.

온갖 방면으로 모든 중생을 구제하는 것이 크게 사랑하는 대자(大慈)의 마음이요, 남과 같이 병을 앓고 남과 더불어 괴로움을 같이 하여 괴로워하는 것이 크게 슬퍼하는 대비(大悲)의 마음이니라."

-관무량수경-

**탐구과제**
- 왜 우리는 부처님을 보지 못하는가를 깨달읍니다.
- 무엇이, 어떻게 하는 것이 불심(佛心)인가를 명상합니다.
- 문 밖의 부처님을 맞이하기 위하여 무엇을 할 것인가를 생각하고 실천합니다.

### 왜 보지 못하는가

**37** 용이 어머니는 40대 주부로서 한 분 시어머니를 모시고 사는 세 아이의 어머니입니다. 용이 어머니는 20여년 도선사(道詵寺)에 다니는 독실한 신자입니다. 명절 때는 물론이고, 한 달에도 몇 차례씩 절에 가서 공양 올리고, 석불(石佛)님 앞에 가서 무릎이 벗겨지도록 절을 하곤 하였습니다.

그러자니까 자연 연로하신 시어머니 봉양이 부실하게 되어서, 고부(姑婦) 사이도 좋지 않고 부부싸움도 자주 벌어졌습니다. 그럼에도 불구하고 용이 어머니의 절나들이는 더욱 잦아졌습니다.

얼마 뒤 우연한 사고로 남편이 직장을 잃게 되었고, 큰 아이는 대학 시험에 낙방하는 불운을 맞게 되었습니다. 엎친데 덮친 격으로 이번에는 용이 어머니마저 허리를 다쳐서 기동이 어렵게 되었습니다.
 어느 날 용이 어머니는 안간힘을 다하여 절에 올라가 청담(靑潭) 큰스님 방으로 들어갔습니다.
 용이 어머니는 화난 음성으로 말했습니다.
 "스님, 이제 절에 그만 다닐랍니다."
 "와?"
 "사흘이 멀다 하고 와서 불공하고 석불님한테 절해도 아무 기별도 없고, 집에 사고만 생기고, 아무래도 이 절 부처님은 영험이 없는 것 같습니다. 다른 데로 찾아가든지 해야겠습니다."
 "사흘이 멀다고 절에 다니면, 집안 살림은 언제 살고 집에 부처님은 어떻게 모시노?"
 "네? 집에 부처님이라뇨?"
 "나이 많으신 시어머니가 집에 부처님이시지 누구겠노. 집에 부처님한테 공양 잘 드리고 절 잘 하거라. 그러면 부처님께서 큰 복 주시고, 집안도 태평해질 거다."
**38** '부처님은 정말 계신가? 부처님은 정말 우리에게 복을 주실까?'
 벗이여, 행여 이렇게 의심하지 마십시오. 저 여인처럼, '부처님 영험 없다'고 불평하지 마세요.
 부처님은 정녕 계십니다. 지금, 여기 나와 당신 곁에 와 계십니다. 그러나 우리는 보지 못합니다.
 무슨 까닭인가?
 우리는 부처님의 육신을 생각하고 있기 때문입니다. 저 여인처럼, 형상 앞에 절하면서 복(福)을 빌고 있기 때문입니다. 그래서 우리는 부처님을 친견(親見)치 못합니다. 형상 너머 계시는 참 부처님 찾을 생각을 내지 못하는 것입니다. 형상 앞에 절하는 것이 나쁜 것이 아니라 형상 너머 참 부처님을 찾지 않는 것이 큰

잘못이지요.[1]

그래서 세존께서 이렇게 깨우치십니다.

"바카리여, 이 썩어질 몸을 보고 예배해서 무슨 이익이 있겠느냐?"

## 죽을래야 죽을 수 없는 몸

**39** 부처님께서 구시나가라 사라쌍수 언덕에서 입멸하시려 할 때, 아난다를 비롯한 대중들은 땅에 넘어져 몸부림치며 울부짖습니다.

"어찌 이리도 빠르신가, 부처님의 입멸하심이여. 어찌 이리도 원통한가, 세간(世間, 세상)의 눈을 잃어 버림이여. 아! 망하였도다, 우리는 여기서 영영 망하였도다."

이때 세존께서는 대중들을 타이르시고 크게 선포하십니다.

"아난다야, 너는 그렇게 생각해서는 안 되느니라, 마땅히 이와 같이 생각하라.
'우리 석가모니불의 수명은 한량없으니, 무슨 까닭인가? 육신은 비록 사라질지라도 법신(法身)은 상주(常住)한다'고." -열반경-

**40** 석가모니는 이 세상에 인간의 모습으로 오신 무한광명(無限光明)하신 부처님이십니다. 나와 당신과 저 거리의 동포들, 이 사바세계의 고단한 중생들을 마지막 하나까지 구하여 살리시려는

---

[1] "만약 형상으로써 나를 보려 하거나, 음성으로써 나를 찾으려 하면, 이 사람은 사도(邪道)를 행함인지라, 여래를 보지 못하리라."(『금강경』법신비상분)

대비본원(大悲本願)을 위하여, 미묘한 모습과 비(比)할 바 없는 권능(權能)을 지니신 인간으로 오셨습니다.

룸비니에서 구시나가라까지.

석가모니께서는 그의 육신이 낡은 수레처럼 허물어져 내릴 때까지, 맨발로 걸식하시며, 저 험한 길로 고행(苦行), 또 고행하십니다.[2]

이제 석가모니께서는 죽음을 맞이하셨습니다. 구시나가라 사라쌍수 언덕, 달 밝은 밤, 그리운 조국 가빌라(Kapila 國)를 향하여 머리를 북녘으로 두고 누우신 채, 고요히 죽음을 맞이 하셨습니다.

**41** 그러나 실로 석가모니는 죽을 수가 없습니다. 죽을래야 결코 죽을 수가 없습니다.

무슨 까닭인가?

석가모니의 몸은 육신이 아니기 때문입니다. 석가모니의 몸은 실로 법신, 무한한 진리 광명이시기 때문입니다.

죽음은 육신을 생명 삼는 자의 숙명입니다. 육신을 생명 삼는 자는 태어나고 태어나서는 또 반드시 죽습니다.

그러나 진리는 육신이나 형상이 아닙니다. 진리는 광명입니다. 부처님은 곧 광명이십니다. 광명은 어디서 생겨나는 것도 아니고, 어디로 사라지는 것도 아닙니다. 항상 이렇게 빛나고 있을 뿐입니다. 태초(太初) 이전부터 영원한 내일 이후까지, 찬란한 빛을 놓아 어둠을 밝히고 있을 뿐, 부처님은 결코 멸(滅)하는 법이 없습니다. 화려한 전등이 깨어졌다고 해서 전기 에너지가 사라졌다고 말할 수는 없지 않겠습니까? 낙엽 지는 걸 보고, 뿌리가 죽었다고

---

2) "아난다야, 나는 이제 여든 살, 늙고 쇠하였다. 내 육신은 마치 낡은 수레가 가죽끈에 매여 간신히 움직이고 있는 것과 같으니라." (『장아함경』 2)

말할 수는 없지 않겠습니까?
 그래서 "육신은 비록 사라질지라도, 부처님〔法身〕은 상주불멸(常住不滅)하신다"라고 하는 것입니다.

**42** 세존께서는 저 영산회상(靈山會上)에서 이 신비한 진실을 이렇게 비유를 들어 명쾌히 말씀하고 계십니다.
 "선남자 선여인들아, 이제 너희들에게 분명히 말하겠노라. 티끌을 떨어뜨린 국토나 그렇지 않은 국토를 다 합하여 티끌을 만들고, 그 하나하나의 티끌을 1겁(劫)이라 하여도, 내가 성불한 지는 이보다 백천만억 나유타 아승지겁〔이루 헤아릴 수 없는 세월〕이 더 오래이니라.
 그 아득한 때로부터 나는 항상 이 사바 세계에 있으면서 설법하여 교화했고, 또 다른 백천만억 나유타 아승지 국토에서도 중생을 인도하여 이익케 하느니라."
―법화경 여래수량품―

**43** "그 아득한 때로부터 나는 항상 이 사바세계에 있으면서 설법하여 교화했고……"
 이 장쾌한 선언, 하늘 땅을 진동하는 대사자후(大獅子吼).
 벗이여, 어서 일어나세요. 나약한 회의와 불신(不信)의 어둠을 박차고 일어나, 우리 함께 어울려 환희(歡喜)하며 춤을 춰요. 저 장쾌한 부처님의 '수명무량(壽命無量), 생명이 한량 없으심'과 '교화무량(敎化無量), 교화 구원이 한량 없으심'을 찬탄하고 경배드려요.[3]

---

3) 법신 상주불멸사상(法身常住不滅思想)은 원시경전에서 비롯되어, 부파불교(部派佛敎)시대에 계승되고, 대승불교(大乘佛敎)에 이르러서는 그 중심사상이 되어, '불신상주(佛身常住)―부처님이 항상 계시고, 불수무량(佛壽無量)―부처님 생명이 한량 없으며, 교화무량(敎化無量)―자비로서 중생을 제도하심이 무한하심'이 깊이 신앙되었다. 이러한 부처님을 '구원본불(久遠本佛), 구원하신 본래 부처님'이라고 찬탄한다. (『법화경』「수량품」)

벗이여, 어서 일어나세요. 소라 구멍 속으로 움츠러들지 말고, 가슴을 활짝 열고 행진해요. 법을 찾아서, 법을 보러 우리 함께 행진해요.


## 마음의 문을 열고

**44** "법을 보는 자는 나를 보리라."

법을 본다는 것이 무엇인가? '법은 진리'라 하셨는데, 진리를 본다는 것이 대체 어떻게 하는 것인가?

보리자는 이제 이렇게 말합니다.

"벗이여, 저 맑고 깨끗한 부처님의 마음을 봐요. 그리고 그 마음, 불심(佛心)을 마음 삼아요.

벗이여, 저 맨발로 수고하시는 부처님의 고행을 봐요. 그리고 그 고행을 배워요.

벗이여, 지금 여기에서, 저 부처님처럼 살아요, 부처님처럼 살기 위하여 끊임없이 노력해요.

이것이 곧 법을 보는 것이고, 부처님을 친견하는 것이랍니다."


**45** 부처님의 마음은 무엇인가? 우리가 따라 배울 부처님 마음은 어떤 것인가?

세존께서 말씀하십니다.

"부처님의 마음은 대자대비한 마음이다. 온갖 방면으로 모든 사람을 구제하는 것이 크게 사랑하는 대자(大慈)의 마음이요, 남과 같이 병을 앓고, 남과 더불어 괴로움을 같이 하여 괴로워하는 것이 크게 슬퍼하는 대비(大悲)의 마음이니라."　　　－관무량수경－

**46** "집에 부처님한테 공양 잘 드리고 절 잘 하거라."

이제 우리는 큰스님의 뜻을 알아차렸습니다. "법을 보는 자는 나를 보리라"하신 세존의 속마음을 알아차렸습니다.

우리가 마음의 문을 열고, 욕심을 줄이고, 가족과 이웃과 저 거리의 형제들을 힘껏 사랑하고, 고통을 함께 아파할 때, 정녕 우리는 법을 보는 것이고, 부처님을 친견하는 것입니다.

부처님께서 이제 육신의 입멸을 보이시는 것은, 나와 당신으로 하여금 육신의 고집에서 놀라 깨어나, 참 생명[法身]을 보도록 깨우치시려 함입니다.[4] 그러나 실로 부처님은 바카리 곁에 계시듯, 지금 여기, 나와 당신 곁에 계십니다. 죽어서 다시 살아나신 것이 아니라, 무한한 생명으로 매양 이렇게 한결같이 계십니다.

마음이 깨끗한 자는 지금 이 부처님을 뵈옵고 있습니다. 행실이 돈독한 이는 여기서 이 부처님의 손길을 잡고, 그 음성을 듣습니다. 믿음 깊은 선남선녀들은 지금 여기서 부처님의 따뜻한 축복을 받고 있습니다.

**47** 소아마비 여대생 방귀희(方貴姬) 양은 가업이 실패하여 하나 있는 집마저 차압당하는 낭패 속에 빠졌습니다. 그러나 그는 홀로가 아니었습니다. 부처님과 함께 있었습니다. 불멸의 희망과 함께 있었습니다.

그는 이렇게 고백하고 있습니다.

"무슨 구경거리라도 난 듯 죽 늘어서서 '아이구 저 집 이제 망

---

4) 양심의 가책으로 괴로워 하는 춘다에게 말씀하셨다.
 "모든 것은 다 환상과 같은 것이다. 내가 이제 네 공양을 받은 것은, 너로 하여금 생사의 윤회로부터 벗어나게 하려 함이니라." (『열반경』「춘다품」)
 〔田村芳郎/이원섭 역, 『涅槃經의 세계』 (玄岩社, 1976), p. 81~86〕

했네, 망했어, 세상에 이럴 수가' 하며 혀를 차고 쑥덕거리던 동네 아주머니들이 살림을 정리하는 엄마를 도와주셨다. 그 모습을 쳐다보고 있자니 여태까지 나오지 않던 눈물이 핑 돈다.
 '망했다구요? 아녜요. 절대로 망하지 않았어요. 절대로⋯⋯.'
 나는 항상 아슬아슬할 때 도와주시는 부처님이 내 곁에 언제나 계시다는 것을 확신할 수 있었다. 그래 부처님은 항상 내곁에서 나를 지켜보시고 계셔, 반드시⋯⋯.'[5]

**48** "그래 부처님은 항상 내 곁에서 나를 지켜 보시고 계셔, 반드시⋯⋯."
 벗이여, 이 부처님께서 지금 와 계십니다. 문 밖에 와 계십니다. 내가 슬프고 괴롭고 눈물날 때, 바로 저 문 밖에 와 계십니다. 당신이 무심하며 잊고 있을 때도, 부처님은 문 밖에서 우리를 기다리고 계십니다.
 벗이여, 이제 우리 문을 열고 우리 부처님을 맞이할 시간입니다. 옷 갈아입고, 목욕 재계하고, 황토를 뿌리며, 부처님을 영접할 시간입니다.
 이제 우리는 부처님 앞에 달려나가 무릎 꿇고 엎드려 기도할 것입니다.
 우리 청(靑)보리들의 기도말은 이렇게 시작될 것입니다.

 "항상 함께 하옵시는 자비하신 부처님, 저희가 지극한 정성으로 부처님께 귀의하옵고, 부처님의 정법 배우고 전하기 위하여 온갖 고난 참고 이기오며, 굳센 신념으로 맹세코 큰 불사 성취하겠나이다. 저희에게 큰 지혜와 용기를 베푸소서. 나무석가모니불."

---

5) 방귀희, 『그래도 이손으로』, p. 75~76.

**회향발원**(마음의 문 활짝 열고)

　자비하신 부처님,

　임 앞에 엎드려, 저희들의 어리석음을 부끄러워하고 있습니다. 문을 걸어 잠근 채, 이기심으로 우리 마음의 문을 굳게 걸어 잠근 채, '부처님은 어디 계신가? 내가 공을 드리는데 부처님은 왜 몰라 주시는가?' 이렇게 의심하며 불평하고 있는 저희들의 무지를 고백하고 있습니다. 내 집의 부처님은 버려둔 채, 내 이웃의 부처님은 외면한 채, 형상의 부처님만 찾아 헤매던 저희들의 우둔함을 고백하고 있습니다.

　무한한 생명의 원천이신 부처님,

　닫힌 마음을 활짝 열도록 저희를 질책하소서.

-석가모니불 정근-

**찬불가**　부처님께 기원합니다

**내용익힘**

1. 다음 문장을 완성해 봅니다.

　① 부처님의 마음은 (　　) 마음이다. 온갖 방면으로 모든 (　　)을 구제하는 것이 크게 사랑하는 (　　)의 마음이요, (　　)과 같이 병을 앓고 (　　)과 더불어 괴로움을 같이하여 괴로워하는 것이 크게 슬퍼하는 (　　)의 마음이니라.

　② 죽음은 (　　)을 생명 삼는 자의 숙명입니다. (　　)을 생명 삼는 자는 태어나고 태어나서는 반드시 (　　)합니다.
　　그러나 진리는 (　　)이나 (　　)이 아닙니다. 진리는 (　　)입니다. 부처님은 곧 (　　)이십니다. 그런 까닭에 죽을래야 죽을 수 없습니다.

　③ 우리가 (　　)의 문을 열고 (　　)을 줄이고 이웃과 (　　)과 저 거리의 (　　)들을 힘껏 사랑하고 (　　)을 함께 아파할 때, 우

리는 (   )을 보고 (   )을 친견합니다.
2. 다음 물음에 간결하기 대답해 봅니다.
   ④ 우리는 왜 우리 앞에 계시는 부처님을 보지 못하는가?


   ⑤ 어떻게 하는 것이 법(法)을 보는 것인가?


   ⑥ '나의 기원'이란 무엇인가?



**교리탐구** 석가모니는 돌아가셨는데, 왜 '부처님은 상주불멸(常住不滅)이다'라고 하는가?


**실천수행** 우리 교계에서 벌이고 있는 각종 자선사업 가운데 한 곳을 선택해서 매월 정기적으로 희사금을 보냅니다.

## 단원정리

● **합송** 하늘과 땅 위에

**법사** 대중들이여, 경건히 합장 경청하고 응답하시오. 선남자 선여인들이여, 부처님의 몸은 무엇입니까?

**대중** 부처님은 법신이십니다. 비로자나 법신불, 부처님은 법으로써 몸을 삼으십니다. 진리광명으로써 몸을 삼으십니다. 그러길래 부처님은 상주불멸, 지금 여기, 우리와 함께 하십니다.

**법사** 선남자 선여인들이여, 부처님과 이 세상 천지만물은 어떤 관계가 있습니까?

**대중** 이 우주는 하나의 법계(法界), 하나의 진리 세계, 천지만물 삼라만상이 부처님의 진리광명으로부터 솟아나며, 나와 당신, 저 거리의 형제들, 일체중생이 부처님의 진리 생명으로부터 피어나는 한 송이 거룩한 꽃입니다. 그런 까닭에 우리는 불자(佛子), 부처님의 자녀, 진리광명의 꽃입니다.

**법사** 선남자 선여인들이여, 부처님께서 무슨 까닭으로 '하늘과 땅 위에 나 홀로 존귀하다' 하십니까?

**대중** 부처님께서는 진리광명이시기 때문입니다. 진리광명은 무한한 자비심, 부처님은 신들과 사람과 동물들 하나하나를 낱낱이 살리시려 서원하시기 때문에, 하늘나라에는 신의 모습으로, 이 사바세상에는 인간의 모습으로, 저 동물의 세계에는 동물의 모습으로 오십니다. 그런 까닭에 부처님은 하늘과 땅 위에 홀로 존귀하십니다.

**법사** 선남자 선여인들이여, 어이하여 우리는 항상 함께 하시는 부처님을 알아보지 못합니까?

**대중** 우리가 눈 어둡기 때문입니다. 이기심과 미움과 고집으로 눈 어둡기 때문에 내 곁에 계시는 부처님, 나를 위하여 눈물 흘리시는 부처님을 보지 못합니다. 그런 까닭에 우리가 마음의 문을 열고 욕심을 줄이며 이웃과 저 거리의 형제들과 더불어 기쁨과 아픔을 함께 나눌 때 우리는 법을 보고 부처님을 보게 될 것입니다.

**함께** 항상 함께 하시는 자비하신 부처님.
  저희가 지극한 정성으로 부처님께 귀의하옵고
  부처님의 정법 배우고 전하기 위하여
  온갖 고난 참고 이기오며 굳센 신념으로
  맹세코 큰 불사 성취하겠나이다.
  저희에게 큰 지혜와 용기를 베푸소서
  나무석가모니불 나무석가모니불
  나무시아본사 석가모니불.


● 의식 ③ 조석예불(朝夕禮佛)

1. 조석예불의 의미
  1) 예불이란 부처님께 예배 올린다는 뜻입니다. 아침 저녁으로 부처님께 예배 올리는 것이기 때문에 조석예불이라고 합니다.
     조석예불은 초기불교 이래 끊임없이 지켜져 내려온 우리 불교의 가장 뿌리 깊은 의식이며 우리 불자들의 가장 성스러운 수행입니다. 불교의 역사가 길고 불교를 믿는 나라나 민족들이 많고 그들의 전통이나 풍속도 각양각색이기 때문에 불교의식이 서로 다르고 불교교리도 서로 차이나는 것이 많습니다. 그러나 그럼에도 불구하고 하나의 공통점이 있다면 바로 이 조석예불입니다. 고금동서, 어느 시대 어떤 나라에서도 아침 저녁 부처님께 경건히 예배 올리는 전통은 한결같이 준수되어 왔습니다.
  2) 인생이 무엇입니까? 곧 오늘 하루 열심히 사는 것 아닙니까? 오늘 하루 훌륭하게 살면 그것이 곧 인생을 훌륭하게 사는 것이고

오늘 하루 망치면 우리 인생도 망치는 것입니다. 그러기 때문에 오늘 하루를 잘 시작하고 잘 매듭한다는 것은 더없이 중요한 일입니다. 조석예불은 오늘 하루를 훌륭하게 시작하는 확실한 길입니다. 오늘 하루를 훌륭하게 매듭하는 확실한 길입니다. 깨끗한 손길로 아침예불을 올릴 때 찬란한 광명이 오늘 하루를 밝힙니다. 고요한 손길로 저녁예불을 올릴 때 무한한 평화가 어둠을 뚫고 물결쳐 옵니다.

조석예불은 좀 힘들고 구속이 될지 모릅니다. 그러나 이것은 크나큰 자유를 얻기 위한 자유의 구속입니다. 무엇인지 거룩한 것에 자신을 구속시킨다는 것은 곧 나 자신이 거룩한 것으로 변화해 가는 해탈의 과정인 것입니다.

2. 예불준비
   1) 아침예불은 해뜨는 시간, 저녁예불은 저녁식사 후에 행합니다. 저녁 시간이 어려우면 취침 전에 하는 것도 좋습니다.
   2) 세수하고 이 닦고 주변을 청소하고 복장을 단정히 합니다.
   3) 가정에서는 가족이 함께 모여 하고, 학교·직장에서는 동료들이 함께 모여 행합니다. 이것이 어려울 때에는 나 혼자서라도 용기 있게 실행합니다.
   4) 불단이 마련되어 있으면 불단 앞에 향·초를 밝힙니다. 불단이 마련되어 있지 않을 때에는 조용한 방이나 거실에서 밝은 창문쪽을 향하여 행합니다.
   5) 그날 하루 아껴 모은 희사금이 있으면 이 예불시간에 희사함[봉투]에 넣습니다. 매일이 어려우면, 일주일에 두세번 정도씩은 꼭 희사금을 마련합니다.

3. 예불순서
   1) 가정법당·직장법당에서 행할 때에는 절에서 하는 예불순서에 따릅니다.
      ① 헌 공

② '예불문' 합송
③ 축 원
④ '반야심경' 합송
2) 일반 처소에서 행할 때에는 일상예불순서에 따릅니다.
① 합장 반배
② '반야심경' 봉독, 또는 '예불문' 봉독
③ 정근기도-'관세음보살' '석가모니불' '옴마니반메훔' 등을 염송하면서 정진한다.
  ○ 관음정근의 실례
  · 나무보문시현 원력홍심 대자대비 관세음보살-정근 계속
  · 멸업장진언 옴 아로륵게 사바하(3~5번)
   구족신통력 광수제방편 시방제국토 무찰불현신 고아일심 귀명정례
   '항상 함께 하옵시는 자비하신 부처님
   저희가 지극한 정성으로 부처님께 귀의하옵고
   부처님의 정법 배우고 전하기 위하여 온갖 고난 참고 이기오며 굳센 신념으로 맹세코 큰 사업 성취하겠나이다. 저희에게 큰 지혜와 용기를 베푸소서.
   나무석가모니불
   나무석가모니불
   나무시아본사석가모니불.'
3) 집안에 경조사간 큰일이 있을 때에는 기도문을 써서, 또는 구두로 축원합니다. 관음정근 다음에 축원 올리고 '나의 기원'을 합송합니다.
  ○ 딸의 입학 시험 축원 실례
  '대자대비하신 부처님
   오늘은 저희 사랑하는 딸 선재가 입학시험을 치르는 날입니다. 평소에 닦은 바를 온전히 발휘할 수 있도록 부처님께서 지켜주시고,

이 땅의 수많은 아들 딸들이 좌절함이 없이 굳세게 정진할 수 있도록 지켜주소서.' ('나의 기원' 합송)
4) 촉박하여 시간이 없을 때에는 『반야심경』 한편 독송으로도 훌륭한 예불이 될 수 있습니다.

## 제 4 장

# 부르면,
# 곧 응답하시는가?

"선남자 선여인들아, 무서워 말고 두려워 말라. 그대들은 일심으로 관세음보살의 명호를 불러라. 이 보살이 능히 중생들의 두려움을 없애주리니, 그대늘이 보살의 명호를 부르면 이 원적들을 무사히 벗어나리라."

－법화경 관세음보살보문품－

**이끄는 말**

우리 스스로 보살이 되어

① '관세음보살 관세음보살……'
왜 우리는 이렇게 부르는가? 괴롭고 두려울 때 왜 우리는 이렇게 간절히 부르는가? 관세음보살 지장보살 보현보살 문수보살……. 이 보살들은 대체 누구신가? 우리가 부르면 정녕 응답하여 달려오시는가? 어떻게 해야 '일심으로' 부르는 것인가?

② 4장은 「보살의 장」입니다. 보살의 원력과 보살행의 실천에 관하여 공부할 것입니다. 여기에서 우리는 우리들의 고통과 염원에 따라 천백억의 모습으로 수고하시는 불보살님의 무한한 사랑을 느끼게 될 것입니다. 불보살님과의 만남을 통하여 죽음을 박차고 일어서는 새 생명들을 만나게 될 것입니다.

③ 이제 대답은 명료합니다. 불멸을 성취하는 길은 이미 분명해졌습니다.
'우리 스스로 보살이 되어'.
그렇습니다. 벗이여, 이제 우리는 보살입니다.
당신은 보살입니다. 나는 보살입니다.

## 얼음장 위로 솟아나는 버들강아지

나(가수 권혜경)는 심장판막증, 관절염, 악성 빈혈 등으로 오래 치료를 받았으나, 마침내 병원에서 '다시 올 것 없다'는 최후 통첩을 받았다. 집에서의 요양도 전혀 효과가 없어 실망한 나머지 나는 세 번이나 자살을 기도했으나, 불운하게 편히 죽을 행복마저도 내게 허락되지 않았다.

'죽지 말라는 팔자인가 보다. 그렇다면 어떻게든 살아야지.' 그래서 나는 1961년 2월 3일, 전방 위문공연 때 잠시 본 적이 있는 만월사란 절을 찾아 무턱대고 강원도 사창리행 버스를 탔다. 거의 쓰러질 것 같은 몸을 간신히 지탱하며 영하 25도의 강추위 속에 캬라멜 고개를 넘고 있었다. 버스가 겨우 산모퉁이 하나를 돌았을 때, 눈에 이상한 것이 띄었다. 개울을 뒤덮은 두꺼운 얼음장 위로 뭔가 비죽이 솟아 있었다. 버스가 끙끙거리며 간신히 고개 마루턱에 올라 섰을 때, 번개같이 내 머리 속을 스치는 생각이 있었다.

버들강아지—, 비죽이 솟아 있던 그 이상한 물건은 바로 버들강아지 봉오리였다. 몽둥이로 뒤통수를 한 대 얻어맞은 것같은 강한 충격이 내 머리 속을 꿰뚫고 지나갔다.

'그렇다, 살아야 한다. 나는 살 수 있다. 한 인간의 생명력이 살아야 한다는 의지가 버들강아지의 그것만도 못할 리가 없다. 마음만 먹으면 나는 어떻게든 살아날 수 있다.'

그것은 알 수 없는 높은 곳으로부터 갑자기 쏟아져 내린 은혜였다. 그곳이 어딘지, 거기에 누가 있는지도 모르면서 나는 마음속으로 끊임없이 감사의 기도를 드리고 있었다. 은혜는 그것만으로 그치지 않았다. 보이지 않는 그 위대한 힘은 또 하나의 축복을 내려주었다. 내가 버스에서 내려 졸도했을 때, 옆에 앉았던 할머니가 자기 집으로 데려다 깨죽을 쑤어 주시고, 그 할머니의 외손자라는 청년이 나를 지게에 싣고 만월사까지 옮겨다 주었다.
 나는 그 절 만수 보살의 호의로 요양을 허락받고 단칸방에서 함께 지냈다. 첫날밤, 만수 보살은 나의 얼굴을 쳐다보며 말했다.
 "백 가지 병의 근원이 인간의 마음속에 있느니라. 부처님께 귀의하여 그 정성과 진심이 하늘에 닿을 때, 생로병사의 고뇌로부터 벗어나는 게야. 조바심하지 말고 자기 마음속 한 가운데를 들여다 보고 있으면 언젠가는 깨우칠 날이 오는 법이야."
 나에게도 홀연히 깨닫는 바가 있었다.
 "백 가지 병의 근원이 인간의 마음속에 있느니라."
 나는 만수 보살이 하는 것처럼 단정하게 앉아 눈을 감았다. 그리고 자기의 마음속을 들여다 보는 그 어려운 작업을 시작하였다. 법당에 들어가 마룻바닥이 너무 차가워서 담요 한 장을 깔고 앉아 난생 처음 서투른 기도를 드렸다.
 "부처님, 당신이 정말 부처님이라면, 이 불쌍한 인생 하나 살려주세요."
 낯이 익을수록 부처님의 얼굴에서 마음씨 좋은 아저씨 이상의 다른 무엇을 발견해 가고 있었다. 그런데 하루는 이상한 일이 생겼다.
 그날따라 신눈깨비를 동반한 매서운 북풍이 골짜기를 뒤흔들고 있었다. 그 바람소리를 들으면서 나는 부처님 앞에 담요를 뒤집어 쓴 몰골로 비스듬히 누워 있었다. 냉기와 싸우면서 기도를 하다가 지쳤던 것이다. 그 옆에서는 만수 보살이 천수경을 읽고 있었다. 바로 그 순간 기적이 일어났다. 눈을 감은 채 가물가물 멀어져 가는 정신으로 천수경을 듣고 있던 내 귀에 갑자기 대포소리와 같은 커다란 목탁소리가 울리기 시작했다. 나는 깜짝 놀라서 눈을 떴다. 그것은 만수 보살이 치는 목탁소리였다.
 만수 보살이 갑자기 부처님을 향해서 우렁차게 외쳤다. "대자대비하신 부처님이시여, 임이 그리워 맘에 병이 들고 눈이 어두워 병고에 시달리는 이 불쌍한 중생을 굽어 살펴 주옵소서."

무시무시한 공포가 내 등줄기를 후려치는 것이었다. 그리고 그것이 신호이기나 한 것처럼 내 몸 구석구석에서 땀이 흐르기 시작하였다. 다음 순간 나는 울음을 터뜨리면서 있는 힘을 다해 소리쳤다.
　"보살님, 이제 살았어요! 땀이 나요, 땀이 나요! 부처님 감사합니다. 전 이제 살았습니다."

—권혜경, 山莊의 女人—

## 13과 • 눈도 버리고 손발도 버려

"여래께서 수행한 힘으로 큰 자재(自在)를 얻고 다시 자재의 힘으로 중생의 마음을 따라, 중생의 행동을 따라, 중생의 경계를 따라, 낱낱이 알아서 때를 기다리지 않고 때를 놓치지 않고, 장소와 때와 행동과 설법이 서로 응하여 여러 가지 몸을 나투신다. 이것을 일러서 '화신'이라 하느니라."

-금강명경 34 신분별품-

**탐구과제**
- 부처님의 화신(化身)이 무엇인가를 공부합니다.
- 무수한 세월, 무수한 삶을 통하여 부처님께서 하신 일이 무엇인가를 깨닫습니다.
- 화신의 삶을 통하여 우리가 찾아야 할 것이 무엇인가를 깨닫습니다.

### 우리들의 염원 따라

*1* '우주 만유 속에 변만(遍滿)하시는 부처님.
지금 여기, 우리 곁에서 법을 설하시는 부처님.
문 밖에 와 계시는 부처님.'
'그런데 이 부처님은 지금 무엇을 하고 계시는가?
이 부처님은 정녕 내 아픔을 아시는가? 내 속마음을 아시는가? 부처님은 저 멀리서 바라만 보시는가? 그저 고요한 미소로 돌부처마냥 바라만 보시는가? 나의 이 고독한 방황을 버려두시는가? 멸망해 가는 우리를 버려두시는가?'
순간순간 이렇게 회의하고 있습니다. 좌절의 어둠 앞에서 우리는 이렇게 부르짖고 있습니다.

이때 세존께서는 우리 앞에 다가오십니다. 저 사밧티〔舍衛城〕의 똥꾼 니이다이에게 하신 것처럼, 우리의 손을 잡으시고 말씀하십니다.

"벗이여, 어서 일어나라. 내 손을 잡아라."　　　－불본행집경－

**2** 부처님의 본원(本願)은 막연한 이상이 아닙니다. 부처님의 대자대비는 추상적인 신화가 아닙니다. 그것은 현실적인 것이고, 역사적인 것입니다.

부처님께서는 마지막 한 중생까지 제도하시려는 임의 대불사(大佛事)를 구체적으로 추진하기 위하여, 나와 당신 앞에 오십니다.

이때 부처님께서는 우리들의 마음과, 우리들의 환경과, 우리들의 행동에 따라, 각각 다른 모습을 보이십니다. 마치 한 선생님이시지만 착한 학생에게는 부드러운 모습으로 미소를 보이시고, 거칠고 불량한 학생에게는 엄격하고 무서운 모습을 보이시는 것과 같은 이치지요. 같은 문제 학생에게라도, 그 학생의 성품과 가정 환경의 차이에 따라, 회초리로 때리기도 하고, 함께 눈물 흘리시기도 하는 것과 같은 도리입니다.

**3** 이렇게 중생의 염원과 근기(根機, 바탕, 성질, 수준 등 조건)에 따라[1] 서로 다른 모습을 보이시고 서로 다른 활동을 보이시는 부처님을 우리는 '화신(化身, Nirmana-kaya), 화신불(化身佛), 응신(應身), 응화신(應化身)' 이렇게 부릅니다. '우리의 원(願)함과

---

1) 구제할 대상〔중생〕의 마음과 상황 등 중생의 바탕과 조건을 근기(根機)라 하고, 부처님께서 중생의 근기에 맞게, 때와 장소에 적절하게 법을 설하시는 것을, '대기설법(對機說法), 조건에 따라 하시는 설법' 이렇게 부른다. 부처님의 설법은 거의 대부분이 대기설법이다.

조건에 따라 감응(感應, 응답)하셔서, 구체적인 모습으로 나타나시는 부처님' 이런 뜻이지요.[2]

세존께서 말씀하십니다.

"보살들이 어떻게 화신(化身)의 존재를 알 수 있는가? 여래께서 옛날 수행하실 때에 일체 중생을 위하여 가지가지 수행을 하시고 익혀서 수행이 이루어지면, 수행한 힘으로 큰 자재(自在, 스스로 존재하고 자유롭게 활동하는 힘)를 얻고 다시 자재의 힘으로 중생의 마음을 따라, 중생의 행동을 따라, 중생의 경계〔상황〕를 따라, 낱낱이 알아서 때를 기다리지 않고, 때를 놓치지 않고, 장소와 때와 행동과 설법이 서로 응(應)하여 가지가지 몸을 나투신다. 이런 것을 일러서 '화신'이라 하느니라."

―금광명경 34 신분별품―

## 몸을 버리는 황금 사슴

**4** 석가모니는 화신불의 구체적인 실증이십니다. 부처님께서 이 사바 세계에 오셔서, 중생들의 원(願)과 마음과 행동과 경계(境界, 상황·환경)에 따라 실제 어떤 모습, 어떤 역할, 어떤 고행을

---

2) 진리이신 부처님〔法身佛〕·미묘한 모습과 권능의 부처님〔報身佛〕·이 현장에서 응답하시고 수고하시는 부처님〔化身佛, 應身佛〕, 이 셋을 '부처님의 세 몸〔三身佛〕이라고 해서 불타관(佛陀觀)의 중심이 되고 있다.'
　참고문헌　· 김동화, 『佛敎學槪論』, p. 79~89.
　　　　　· 김동화, 『原始佛敎思想』, p. 365~390.
　　　　　· 김동화, 『大乘佛敎思想』, p. 169~179, 254, 281.
　　　　　· 이기영, 『元曉思想』Ⅰ, 世界觀 (圓音閣, 1967), p. 277~306.
　　　　　· 김잉석, 『華嚴學槪論』 (法輪社, 1974) p. 248~254.

보이시는가를, 우리는 바로 석가모니의 생애를 통해서 역사적인 현실로 목격할 수 있습니다.

룸비니에서 구시나가라까지.

저 험난한 팔십 생애가 화신이신 부처님께서 살으신 고행의 길입니다. 절망에 빠진 백성들을 위하여 부처님은 룸비니 동산에서 찬란한 탄생의 모습을 보이시고, 용기 없고 주저하는 자들을 위하여 버리고 떠나가는 출가를 보이시고, 게으르고 잠든 자들을 위하여 6년 고행을 보이시고, 어둠 속에 빠져 멸망해 가는 자들을 위하여 성도의 크나큰 광명을 보이시고……, 육신의 환상에 매달려 부나비처럼 죽음의 불길로 날아드는 자들을 위하여 입멸을 보이십니다.

**5** 그러나 여기에서 우리가 정작 생각할 것은, 석가모니의 저러한 고행의 생애는 이 생(生) 한 번만이 아니라는 놀라운 진실입니다. 석가모니는 수많은 생(生)을 되풀이 하면서, 저와 같은 희생의 삶을 사셨습니다. 무수한 몸으로 태어나 무수한 몸을 보시(布施)하셨습니다.

그 조그마한 얘기 하나.

"그 옛날 바라나시에서 브라흐마닷타왕이 나라를 다스리고 있었는데, 왕은 사슴 사냥에 미쳐 사슴 고기 없이는 밥을 먹지 않았다. 백성들을 불러다가 날마다 사슴 사냥을 나갔다. 백성들은 의논끝에 궁전뜰에 사슴떼를 몰아 넣고 문을 닫아버렸다. 이때부터 왕은 끼니가 되면 혼자 나가 사슴 한 마리씩을 활로 쏘아 잡아왔다. 사슴들은 활을 볼 때마다 두려워 떨면서 이리 뛰고 저리 뛰다가 살에 맞아 죽어갔다.

사슴들 가운데 니그로다라고 불리는 황금빛깔의 사슴이 있었는데, 어느 날 사슴들과 상의하고 차례를 정해서 스스로 도살장으로 찾아가기로 했다. 무질서와 자멸(自滅)을 막으려 함이었다. 어느 날 새끼 밴 암사슴 차례가 되었을 때, 황금 사슴은 그를 대신해 도살장으로 나아갔다.

**6** 이것을 본 왕이 말했다.
"나는 너를 죽일 생각이 없는데, 어째서 여기 누워 있느냐?"
"임금님, 새끼 밴 암사슴을 대신해 왔습니다."
"너처럼 자비심 많은 자를 사람들 속에서도 보지 못했다. 너로 인해 내 눈이 뜨이는 것 같구나. 일어나라, 너와 암사슴을 살려주리라."
"임금님, 다른 사슴들이 불쌍해서 어찌합니까?"
"좋다. 그들도 살려주마."
"네 발 가진 다른 짐승들은 어찌합니까?"
"좋다. 그들도 살려주마."
"두 발 가진 새들은 어찌합니까?"
"좋다. 그들도 살려주마."
"물 속의 고기는 어찌합니까?"
"칙하다. 니그로다여, 그들도 모두 안전하게 보호하리라."
―자타카 12―

### 진실한 자기희생을 통하여

**7** 저 니그로다 황금 사슴이 누구인가? 곧 석가모니의 전신(前身)입니다. 부처님의 한 화신(化身)입니다. 부처님의 화신(化身)은 무한히 계속됩니다. 때로는 '선혜(善慧)'라는 사냥꾼으로 태어나고[불본행집경], '로히니'라는 계집종으로 태어나고[자타카], '설산동자(雪山童子)'라는 청소년으로 태어나고[열반경], '시비'왕으로 태어나고[대지도론], 원숭이왕으로 태어나고[자타카]……, 그러면

서 부처님은 중생을 살리기 위하여, 손을 버리고, 다리를 버리고, 살을 베고, 목을 버리고……, 한량 없는 고행(苦行) 난행(難行)을 감내하십니다.

이러한 부처님의 전생 고행(前生苦行)은 『자타카(Jātaka)』[2]라는 원시경전(原始經典)에 수백 개가 실려 있고, 시와 소설과 그림과 조각의 무수한 소재가 되었고, 불자(佛子)들은 옛부터 그렇게 믿어 의심치 않았습니다.

**8** 새끼 밴 암사슴을 대신해서 묵묵히 도살장으로 나가는 니그로다 황금사슴.

바로 이것이 부처님의 본생(本生)입니다. 본래 삶입니다. 그 삶 하나하나를 보고 말할 때, '화신이다, 응신(應身)이다' 이렇게 말하지만, 화신의 삶은 결코 연극이나 유희가 아닙니다. 지금 여기, 내 목숨을 내던지는, 그렇게 아프고 괴롭고 피를 토하는 절실하고 참된 삶입니다. 진실한 자기희생의 삶입니다.

고요히 생각해 보면, 오늘 우리가 이렇게나마 살고 있다는 것은 결코 우연도 아니고 행운도 아니지요. 부처님의 무수한 희생과 고행의 결과, 그 은혜, 그 공덕으로, 물 속 고기도 살고, 두 발 새들도 살고, 네 발 짐승도 살고, 나와 당신도 살고…….

그런데 지금 우리는 그 고행의 역사를 믿으려 하지 않습니다. 지금 어린아이들에게 6·25때 고생하던 역사를 들려주면, 호랑이 담배 피우던 시절의 옛날 얘기정도로 듣습니다. 부처님 전생 고행의 역사를 나와 당신은 또 옛날 얘기쯤으로 듣고 있는 것은 아닙니까?

---

2) Jātaka는 대장경을 구성하는 12가지 경〔十二部經〕의 하나로서, 부처님의 전생 고행을 기록한 경전, 본생경(本生經)·본생담(本生譚)이라고 번역, 파리어(Pali語) 경전에는 550종의 사건이 실려 있는데, 한역(漢譯) 대장경의 『생경』 『백연경』 『현우경』 『잡보장경』 등이 이에 해당된다.

**9** 실로 우리는 크나큰 은혜의 바다, 공덕의 바다 속에 살고 있습니다. 부처님은 바로 나를 위해서 무수한 목숨을 버리셨습니다. 이것이 화신의 삶입니다.

이 진실에 처음 눈뜬 보장엄 동자(寶莊嚴童子)는 그 감격을 이렇게 노래하고 있습니다.

"눈뜨니
오묘한 법 듣잡고 지혜의 눈을 뜨니
이는 바다, 우주를 가득 메워
푸른 물결 출렁이는 우리 님 공덕 바다.

이제 알았어라
생사의 바다에서 무수히 무수히
목숨 버리고, 보살행 닦고, 불국토(佛國土) 장엄하신 일.
귀도 버려,
눈도 버리고 손발도 버려,
궁전도 왕위도
모두모두 버려
불국토 장엄하시던 일.
햇빛에 의해
해를 보듯이
나는 부처님의 광명 아니면
어찌 뵐 수 있었으랴, 님께서 닦으신 길.

님의 나라에는
논에 봇물 터지듯, 더없는 깨달음의
그 기쁨 이제 출렁이고 있거니
님의 크나큰 힘 받자와

나도 나아가리, 동터 올 그 기슭까지."
                                                    -화엄경 노사나품-

**회향발원**(이 은혜 어찌 잊으리)
　자비하신 부처님,
　이제사 저희들은 눈을 떴습니다. 수많은 세월, 수많은 몸으로 거듭 태어나시면서 님께서 하신 일이 무엇인가를 이제사 깨달았습니다. 시방삼세 부처님께서 낱낱 중생을 제도하기 위하여 무수히 무수히 눈도 버리고 손발도 버리고 명예도 버리고 부귀도 버리신 일들을 똑똑히 깨달았습니다. 저희들의 오늘 이 삶이 이 진실한 희생의 은혜임을 새롭게 깨달았습니다.
　무한한 생명의 원천이신 부처님,
　저희들이 어찌 이 무수한 희생의 은혜를 잊으리이까?
                                                    -석가모니불 정근-

**찬불가**　자비방생의 노래

**내용익힘**
1. 다음 문장을 완성해 봅니다.
　① 여래께서 (　　)한 힘으로 (　　)를 얻고 다시 (　　)의 힘으로 중생의 (　　)을 따라 중생의 (　　)을 따라 낱낱이 알아서 (　　)를 기다리지 않고 여러 가지 (　　)을 나투신다. 이것을 일러서 (　　)이라 하느니라.
　② (　　)의 삶은 결코 연극이나 유희가 아닙니다. 지금 여기, 내 (　　)을 내던지는, 그렇게 아프고 괴롭고 (　　)를 토하는 진실한 (　　)의 삶입니다.
　③ (　　)의 바다에서 무수히 무수히 (　　)버리고 (　　) 닦고, (　　) 장엄하신 일, (　　)도 버려 (　　)도 버리고 (　　)도 버

려.
2. 다음 물음에 간결하게 대답해 봅니다.
   ④ 화신(化身)이란 무엇인가?

   ⑤ 황금사슴 니그로다의 실체는 무엇인가?

   ⑥ 부처님은 본래 어떻게 사시는가?


**교리탐구** 『자타카』는 어떤 경전인가?(그 속에 한 본생담을 정리 발표해 봅니다.)


**실천수행** 장기(臟器) 기증 제도에 관한 여러 정보를 수집해 봅니다.

## 14과 • 보살님들, 부처님의 분신들

"이 보살은 평등한 마음으로 자기가 가진 모든 것을 일체 중생에게 회사한다. 회사하고 나서 뉘우치는 일도 없고, 보수를 바라는 마음도 없고, 명예를 구하지도 않고, 하늘 나라에 태어나고자 원하지도 않는다."

-화엄경 성행품-

**탐구과제**
- 부처님과 보살님의 관계가 어떤 것인가를 이해합니다.
- 보살이란 어떤 분인가를 깨닫습니다.
- 법당 구조가 지니는 불교적 세계관이 어떤 것인가를 관찰합니다.

### 천백억의 몸으로

**10** "생사의 바다에서 무수히 무수히
　　목숨 버리고, 보살행 닦고, 불국토 장엄하신 일,
　　귀도 버려,
　　눈도 버리고, 손발도 버려……"

부처님의 보시행은 결코 전생의 역사로 끝나지 않습니다. 중생의 원과 경계에 따라 나투시는 화신(化身)의 행로는 오늘도 진행되고 있고, 또 내일에도 진행되고 있습니다. 부처님께서는 온갖 모습으로 오셔서 나와 당신을 구원하십니다.

세존께서 말씀하십니다.

"이와 같이 부처님의 활동은 한없이 이 세상을 구원하고 계신다. 부처님은 다만 부처님으로서만 나타나실 뿐만 아니라, 어떤 때에는 악마로 나타나시고, 여자의 몸으로 보여 주시고, 신들의 형상으로도 나타나시고, 국왕과 스승으로도 나타나시고, 노름하고 도박하는 곳에도 나타나신다. 전염병이 있을 때에는 의사가 되어 약을 베풀어 재난을 여의게 하시고……"
― 열반경 ―

**11** 이 세상에서 만족하며 사는 이가 과연 얼마나 될까요?
  무수한 국토, 무수한 생령들이 저마다 고통이 있고, 부족함이 있고, 원함이 있지 않습니까? 그래서 '중생들, 일체 중생들, 헤매는 생명들'이라고 부르는 것이지요.
  동해 바닷가의 저 한량없는 모래알, 이제 부처님께서는 저 한량없는 중생들의 마음과 행동과 경계(境界, 상황, 환경)를 따라 그 몸을 나투십니다. 전기 에너지가 천등만등이 되고, 라디오가 되고, 텔레비젼이 되고, 전기밥솥이 되고, 컴퓨터가 되고…… 무수히 많은 모습이 되어서 사람사람의 필요에 응하듯, 우리 부처님께서는 한량없는 몸을 나투시어 사람사람의 부름에 감응[응답]하십니다. 나와 당신 앞에 오셔서 불멸의 등불을 밝히십니다.
  이렇게 한량없는 몸으로 오셔서 노고하시는 부처님의 화신을, '천백억화신(千百億化身), 천백억화신석가모니불' 이렇게 부르고 있거니와, '천백억의 숫자로도 헤아릴 수 없는 부처님의 화신' 이런 뜻입니다.

**12** 법당에 가 보면, 부처님 세계의 구조가 잘 나타나 있습니다. 법단(法壇) 윗자리[上壇]에 주불(主佛)이 한 분 계십니다. 석가모니불, 아미타불, 미륵불(彌勒佛, Maitreya-Buddha), 대개 이 세 분중의 한분이시죠. 석가모니불은 사바 세계의 교주[娑婆敎主], 아미타불은 내생(來生) 극락정토(極樂淨土)의 교주, 미륵불은 미래의 사바 교주이십니다.
  이 관계는 다음 함께 공부할 기회가 있을 것입니다.
  주불(主佛) 좌우에 대개 보살(菩薩)님이 두 분 계시는데, 이를

'보처 보살(補處菩薩)¹⁾'이라고 부릅니다. '부처님을 돕고, 다음 생에 부처 되실 보살' 이런 뜻입니다. 주불 뒤 탱화(幀畫, 後佛-부처님과 보살님들의 초상화)가 걸려 있는데, 역시 가운데 주불이 계시고, 사방에 많은 성자와 보살님들이 주불을 옹위하고 계십니다.

그리고 한쪽 옆자리에 신중단(神衆壇)이 있는데, 여기에는 하늘신을 비롯한 많은 신들이 모여서 부처님을 외호(外護)하고 있습니다.

부처님과 신의 관계는 우리가 이미 살펴 본 바 있습니다.


### 낱낱이 진실한 몸으로

**13** 법당 구조에서 보는 바와 같이, 부처님 세계 속에는 무수한 보살님들이 등장하고 계십니다. 무수한 국토에 무수한 부처님이 계시는 만큼 보살님도 무수히 계신 것은 쉽게 이해할 수 있습니다.

무수한 부처님들과 무수한 보살님들과 무수한 신들.

그래서 한때 서양 학자들은, '불교는 다신교(神多敎)다, 범신교(汎神敎, 모든 것 속에 신이 있다는 종교)다.' 이렇게 주장했었지

---

1) 보처보살은 부처님을 도와서 그 원(願)과 행(行, 자비행)을 나눠 맡으시는 부처님의 분신(分身)으로서, 석가모니불 좌우에는 문수(文殊)보살〔지혜의 실현자〕·보현(普賢)보살〔자비행의 실현자〕, 아미타불 좌우에는 관세음(觀世音)보살〔구고구난의 실현자〕·대세지(大勢至)보살〔지혜의 실현자〕이 계신다. 미륵(彌勒)보살은 다음 생에 부처님이 되시도록 예정되어 있기 때문에, '일생보처보살(一生補處菩薩), 한 번 더 태어나시면 부처님 되실 보살'이라고 부른다(『미륵성불경』). 보처보살은 '협시(脇侍)보살'이라고도 한다.

요.

그러나 이 생각 또한 법신(法身)의 진실을 미처 깨닫지 못한 데서 오는 착각입니다.

**14** 진실로 실재하시는 부처님은 비로자나 법신불, 이 한 분뿐이십니다. 이 세상에 중생이 무한하고, 이 중생들의 고통과 원(願) 함이 무한하고, 이를 제도하시려는 비로자나 법신불의 대비본원(大悲本願)이 무한하시기 때문에, 진리 광명이신 비로자나 법신불께서 이 세상〔인간 세상〕과 저 세상〔신(神)들의 세상〕에 미묘한 모습과 뛰어난 덕성을 보이시고, 중생들의 근기와 원함을 따라 보살과 신과 사람과 악마와 여자와 신령들과 왕과 스승과 노름꾼과 의사와……, 수많은 몸으로 이 세상의 낱낱 현장에 오셔서 고행하십니다.

**15** '진리이신 부처님〔法身 ― 비로자나불〕.
　미묘한 모습과 뛰어난 덕성으로 오시는 부처님〔報身 ― 노사나불〕.
　온갖 몸으로 현장에서 수고하시는 부처님〔化身 ― 석가모니불〕.'
　우리는 이것을 '부처님의 세 몸〔三身佛〕'이라고 부르거니와[2], 법신은 부처님의 본체(本體, 體)이고, 보신은 부처님의 형상(形相, 相)이고, 화신은 부처님의 작용(作用, 用)이라고 볼 것입니다.

---

2) 석가모니 입멸 후〔佛滅後, 佛滅은 B.C. 480년경〕6백여년 동안에는 '부처님 몸〔佛身〕'이라면 생신(生身, 육신)과 법신(法身)의 2신설(二身說)이 있어오다가, 불멸 후 9세기경, 인도의 대학자 아상가(Asaṅga 無着)와 바수반두(Vasubandhu, 世親) 등에 의하여 삼신사상(三身思想)이 정립되었다. (金東華, 『佛敎學槪論』, p. 84~89)

이것은 마치 전기에너지〔體〕가 발전기〔相〕를 통하여 천둥 만등으로 비추는〔用〕 이치와 같고. 땅밑 뿌리〔體〕가 훌륭한 줄기와 가지로 성장하여〔相〕, 아름다운 꽃을 피우고 열매를 맺는 것〔用〕과 같은 도리이지요.

부처님의 본체〔體〕와 형상〔相〕과 대비수고(大悲受苦, 用)가 거룩하고 무한하기 때문에, "삼대(三大), 세 가지 몸이 크고 거룩하다."라고 찬탄합니다.[3]

**16** '법신과 보신과 화신,

  실체〔體〕와 형상〔相〕과 작용〔用〕.'

셋처럼 보이지만 실로 존재하는 근본은 법신입니다. '비로자나 법신불, 진리이신 부처님', 이 한 부처님이 근본 바탕이십니다. '진리 부처님'이 아니 계시면, 미묘한 형상도 나타날 수 없고 갖가지 고행도 실현될 수 없습니다. 뿌리가 없으면, 줄기도 가지도 없고, 꽃도 열매도 없습니다. 그러길래 '세 몸〔三身〕'은 실로 '세 몸'이 아니라, '한 몸〔一身〕'입니다. '진리 부처님, 법신불(法身佛)' 한 몸일 뿐입니다.

---

3) 인도의 대학자 아슈바고오샤(Aśvaghoṣa, 馬鳴)는 삼신(三身)을 대승(大乘, Mahayāna, 큰수레), 곧 인간의 마음에 적용하여 이렇게 논하였다. '첫째는, 본체가 크고 거룩하니〔體大〕, 모든 존재가 진실 영원하고 평등하며 변함이 없는 까닭이다. 둘째는, 형상이 크고 거룩하니〔相大〕, 인간의 마음이 한량없는 공덕〔능력과 덕성〕을 다 지닌 까닭이다. 셋째는, 작용이 크고 거룩하니〔用大〕, 이 세상과 저 세상의 모든 선한 원인과 결과를 낳는 까닭이다. 모든 부처님께서 이 세 가지 크고 거룩한 특성〔三大〕을 본래 지니시고, 모든 보살이 이 특성에 의지해서 부처의 경지에 이르는 까닭에, "삼대(三大), 세 가지 몸이 크고 거룩하다"고 한다. 『대승기신론』(이기영, 『원효사상』 I p.278, 원문 해석은 필자)

그런 까닭에 저 무수한 부처님들과 보살님들과 신들의 존재와 활동은 실로 비로자나 법신불, 이 한 분의 마음이고, 이 한 분의 모습이고, 이 한 분의 권능이고, 이 한 분의 수고이십니다.

세존께서 말씀하십니다.

"부처님의 몸은 본래 하나의 법신이다. 다만 사람들이 성질을 달리하여 있기 때문에, 그 나타내시는 몸도 같은 것이 아니다. 그러나 사람들이 구하는 바와 그 과보(果報, 닦아 온 수행의 결과)에 의하여 부처님의 몸이 다르고, 우러러 뵈옵는 것도 다르지마는, 부처님은 언제든지 그 사람에게 진실한 몸을 보여 주신다."

─열반경─


## 부처님의 분신들

**17** "부처님은 언제든지 그 사람에게 진실한 몸을 보여 주신다."

이렇게 신실된 몸으로 나와 당신에게 오시는 부처님의 화신을 우리는 흔히 '보살, 보살님, 불보살(佛菩薩)님' 이렇게 찬탄하여 부릅니다. 보살은 '보리살타(菩提薩埵, Bodhi-sattva'의 준말인데, '법을 깨치셨으되, 중생 속에서, 중생을 위하여, 중생의 모습으로 수고하시는 성자' 이런 뜻입니다. 보살은 곧 부처님의 분신(分身)이고, 부처님의 사자(使者)이십니다. 부처님과 보살은 그 근본에서 둘이 아닙니다. 더불어 하나이십니다. 뿌리와 가지처럼 더불어 하나이십니다. 그래서 우리는, '불보살님' 이렇게 부르지요.

**18** 보살은 철두철미한 자기희생을 생명으로 삼습니다. 자기를 버

려서 중생을 구원하고 부처님께로 인도해 가는 고행, 이것이 곧 보살의 삶이고 이 삶을 일러서 '보살행'이라고 찬탄합니다.

경에서 말씀하십니다.

"이 보살은 평등한 마음으로 자기가 가진 모든 것을 일체 중생에게 희사(喜捨, 기꺼이 던진다)한다. 희사하고 나서 뉘우치는 일도 없고 보수를 바라는 마음도 없고, 명예를 구하지도 않고, 하늘나라에 태어나고자 원하지도 않는다.

오직 원하는 것은 모든 중생을 구원하여 성숙시키는 일과, 부처님께서 행하신 바를 마음에 새겨, 배우고, 체득하고, 실현하고, 모든 사람들에게 이것을 가르치는 일뿐이니라." ―화엄경 십행품―

**19** 부처님이 저 높은 곳에 계시는 크나큰 태양이시라면, 보살님은 지극히 낮은 곳에서 길을 밝히는 등불이라 할까요.

부처님이 절대(絶對)·무한(無限)·완성(完成)의 세계라면, 보살님은 부처님의 세계를 향하여 한 발 한 발 나아가는 끊임없는 수행과 전진의 계단이라 할까요.

그래서 보살님은 우리들에게 보다 가깝고, 우리는 그에게서 보다 깊은 인간의 정을 느끼는 것인지도 모릅니다.

**20** 보살님들은 또한 그 명호(名號, 이름)에 따라서 각기 독특하고 구체적인 소임과 권능을 실현하고 계십니다. 이를테면, 문수보살(文殊菩薩, 文殊師利, Mañjusri)은 부처님의 지혜의 힘을 행하시고, 보현보살(普賢菩薩, Samantabhadra)은 원(願)과 고행을 행하시고, 지장보살(之藏菩薩, Kṣitigarbha)은 지옥 중생을 제도하시고, 약왕보살(藥王菩薩)은 병든 이들을 간호하시고, 관세음

보살(觀世音菩薩, 觀自在菩薩, Avalokaiteśvava)은 고난 속의 생령들을 제도하시고…….

부처님의 지극하신 자비심과 자상하신 배려를 우리는 다시 한 번 사무치게 느끼고 있습니다.

**회향발원**(저희의 염원따라 오시는 불보살님)

자비하신 부처님,

이제사 저희들은 '불보살님'의 참다운 의미를 깨닫고 있습니다. 임께서 중생의 염원 따라 보살의 몸으로 저희 곁에 오셔서 끊임없이 베풀고 계시는 놀라운 이치를 깨닫고 있습니다. 보살님들은 임의 분신, 보살님과 부처님은 한 몸, 그래서 '불보살'이라 일컫는 도리를 깨닫고 있습니다. 법당의 저 수많은 보살 신중이 실로는 임의 진실한 몸임을 확실히 깨닫고 있습니다.

무한한 생명의 원천이신 부처님,

저희는 이제 가슴을 열고 저 보살님들을 맞이합니다.

―석가모니불 정근―

**찬불가**  보현행원

**내용익힘**

1. 다음 문장을 완성해 봅니다.

① 이 (    )은 평등한 (    )으로 자기가 가진 모든 것을 (    )에게 희사한다. (    )하고 나서 (    ) 일도 없고 (    )를 바라는 마음도 없고, (    )를 구하지도 않고 (    )에 태어나고자

원하지도 않는다.
② 부처님은 다만 (   )으로서만 나타나실 뿐만 아니라 어떤 때는 (   )로 나타나시고 (   )의 몸으로도 보여주시고 (   )의 형상으로도 나타나시고 국왕과 (   )으로도 나타나시고 (   )하고 (   )하는 곳에도 나타나신다.
③ 진실로 실재하시는 부처님은 (        ), 이 한 분뿐이십니다. 이 세상에 (   )이 무한하고, 이 (   )들의 고통과 원이 무한하고 이를 제도하시려는 (     )의 (     )이 무한하시기 때문에 수많은 (     )으로 이 세상의 낱낱 (     )에 오셔서 보살행을 실천하십니다.

2. 다음 물음에 간결하게 대답해 봅니다.
   ④ 부처님과 보살님의 관계는 어떤 것인가?

   ⑤ 주요 보살님들께서 수행하시는 역할은 각각 무엇인가?

   ⑥ 보살의 의미가 무엇인가?

**교리탐구** 법당 구조가 지니는 불교적 세계관은 어떤 것인가?

**실천수행** 절에 배치된 법당과 전각을 찾아서 주인공들의 명호와 역할을 생각하며 꽃공양을 올립니다.

## 15과 • 어머니 관세음 보살님

"선남자, 선여인들아, 만일 한량없는 백천만억 중생이 여러 가지 고통을 받을 때에, 이 관세음보살의 이름을 듣고 일심으로 그 이름을 부르면, 관세음보살이 곧 그 음성을 듣고 모두 해탈케 하느니라."

－법화경 관세음보살보문품－

**탐구과제**
- 관세음보살은 우리 겨레의 역사에서 어떤 의미를 지니고 있는지 살펴봅니다.
- 관세음보살은 어떤 특성과 능력을 지니고 계시는가를 관찰합니다.
- 관음기도의 구체적 영험 사례를 수집합니다.


### 겨레의 어머님 '관세음'

**21** '관세음 보살님.'
한국인 치고, 이 한마디 모르는 사람 어디 있습니까?
관세음 보살님은 우리 겨레의 가슴속 깊이 스며있는 친근한 이름, 그리운 이름입니다.
'나무 관세음 보살'
그들은 매양 이렇게 부르며 살아 왔습니다. 병들어 괴로울 때 이렇게 불렀고, 답답하고 속상할 때 이렇게 불렀습니다. 두렵고 불안할 때 이렇게 불렀고, 기쁘고 즐거울 때도 이렇게 불렀습니다.

**22** '나무 관세음 보살.'
무심코 두 손 모으고 불러보는 이 한 이름 속에, 착하고 소박한 우리 어버이들은 한량없는 위로를 받아 왔습니다. 고통과 공포의 고비고비에서 구원을 느끼고, 눈앞이 캄캄한 절망 속에서 회생(回生)과 불멸(不滅)의 기쁨을 체험해 왔습니다.
 '나무 관세음 보살.'
 압제자의 횡포 속에서, 침략자의 약탈 속에서, 그들은 이렇게 부르면서 참아 왔습니다. 칡넝쿨처럼 한데 어울려 오늘까지 강인하게 참아 왔습니다.
 관세음 보살님, 보살님은 정녕 이 민족 구원의 임이시고, 이 백성들의 그리운 어머님, 겨레의 어머님이십니다.
 '나무 관세음 보살', 이 부름은 정녕 이 겨레 기도의 모음(母音)인 것입니다.

**23** 관세음 보살님〔관자재 보살〕은 대자대비의 서원(誓願, 굳게 맹세한 염원)을 실현하시는 부처님의 분신으로서, 중생들이 괴로워하고 두려워 하는 현장으로 오셔서 이를 낱낱이 구제하십니다. 고난 속에 빠진 중생들을 제도하기 위하여 부처님께서는 천백억의 권화신(權化身, 권능의 화신)으로 오시거니와, 관세음 보살은 그 대표적인 보살이십니다.
 선사(先師)께서 말씀하십니다.

 "그 뒤에 선문(禪文)을 보던 중에, 어떤 화상〔스님〕이 장사(長沙, 지명) 경잠선사(景岑禪師)에게 묻기를,
 "관세음 보살은 어떤 분입니까?"
 "관세음 보살은 곧 석가여래의 무연자비(無緣慈悲, 조건없는 절대적 사랑)의 권화신(權化身)이니라."
하고 대답하신 것을 보고, 천가지 만가지의 의심이 다 풀어지고, 관세음보살이 곧 석가세존의 자비로 나타난 권화신의 여인상인 것을 깨달았다. 그다음부터는 관세음 보살 뿐만 아니라, 역사적으

로 증명할 수 없는 천불 만불(千佛萬佛)과 천보살 만보살(千菩薩萬菩薩)이 모두가 석가세존의 백억화신(百億化身)으로 나타난 불보살로 믿게 되고,[1] 석가세존에 대한 친밀감이 더 한층 깊어졌다."[2]

## 천의 눈, 천의 손으로

**24** '관세음 보살님.'

우리는 왜 이 보살을 이렇게 부르는가? '세상의 소리를 살피시는 보살님' 왜 이렇게 부르는가?

영산회상에서 세존 스스로 이 보살님을 우리에게 소개하십니다.

"그때 무진의(無盡意) 보살이 자리에서 일어나 오른쪽 어깨를 벗어 드러내고(공경의 표시), 부처님을 향하여 합장하고 여쭈었다.

"세존이시여, 관세음 보살은 무슨 인연으로 관세음이라고 하나이까?"

부처님께서 무진의 보살에게 말씀하셨다.

"선남자야, 만일 한량없는 백천만억 중생이 여러 가지 고뇌를 받을 때에, 이 관세음 보살의 이름을 듣고, 일심으로 그 이름을 부르면, 관세음 보살이 곧 그 음성을 듣고 모두 해탈(解脫, 벗어남)케 하느니라."

―법화경 관세음보살보문품―

---

1) 관세음보살이 역사적 실존인물이라는 주장도 있다. 이 주장에 의하면, 이 보살은 B.C.250년경 인도 코―탄국의 공주로서 육신 하생하였다고 한다〔김현도(金玄度) 편저, 『大聖 관세음보살 一代記』(예지각, 1983)〕
2) 김대은, 『관음경강화』(三藏苑, 1973), p. 18~19

***25*** "고뇌하는 이가 그 이름〔名號〕을 부르면, 관세음 보살께서 곧 그 음성을 듣고, 모두 해탈케 하신다."

보살은 실로 관세음(觀世音)하십니다. 이 세상의 모든 음성을 듣고 관찰하십니다.

무슨 까닭인가?

이 보살은 부처님의 대비심(大悲心)을 그 본심(本心)으로 삼으시기 때문입니다. 무연자비(無緣慈悲), 조건〔까닭〕없는 사랑, 어머니의 절대적 사랑을 그 마음으로 삼으시기 때문입니다.

그래서 우리는 이 보살님을, '대비 관세음(大悲觀世音), 구고구난(救苦救難) 관세음' 이렇게 찬탄합니다.

관세음 보살님은 흔히 왼손에는 연꽃을, 바른손에는 물병을 든 백의(白衣)의 아름다운 여인으로 그 모습을 보이십니다. 부처님께서 중생들의 '자부(慈父), 자애로운 아버지'시라면 관세음 보살님은 우리들의 '자모(慈母), 자애로운 어머니'이십니다.

우리가 보다 더 관세음 보살님을 가까이 하고 그 이름을 부르는 것은 아마 이 보살님의 무한한 모성애 때문인지 모릅니다.

***26*** 관세음 보살님이 계시는 본처(本處)는 저 아득한 대양(大洋) 남쪽 기슭 보타락가산(補陀落迦山, Potalaka)이라고 하는데, 우리나라의 동해안 낙산사(洛山寺)가 바로 그곳이라고 이 땅의 백성들은 믿어왔습니다. '낙산'은 곧 '보타락가산'의 준말이지요. 7세기 신라 의상(義湘) 대사가 낙산 바닷가에서 7일 기도 끝에 관세음 보살님의 진신(眞身)을 뵈옵고, 보살님의 부촉(付囑, 당부하는 말씀)을 받았습니다.

"이 언덕 위 산꼭대기에 한 쌍의 대〔竹〕가 솟아날 것이니, 그

땅에 불전(佛殿)을 지어라."³⁾

이렇게 해서 낙산사는 세워졌고, 오늘까지 민족의 기도도량(祈禱道場)이 되어 왔습니다.

**27** 관세음 보살님은 천수천안(千手千眼)이십니다. 천의 눈으로 우리들의 고통을 살피시고, 천의 손으로 나와 당신을 건져 주십니다. 보살님은 우리들의 원(願)과 경계와 쌓은 공덕에 따라 서른 두 가지 모습〔三十二應身〕으로 오셔서 역사(役事)하십니다.⁴⁾

세존께서 말씀하십니다.

"선남자 선여인들아, 어떤 나라의 중생을 부처의 몸으로써 제도할 이에게는 관세음 보살이 곧 부처의 몸을 나타내어 설법하며, 하늘신의 몸으로써 제도할 이에게는 하늘신의 몸을 나타내어 설법하며……, 부녀의 몸을 나타내어 설법하며……, 소년 소녀의 몸을 나타내어 설법하며……, 집금강신(執金剛神, 수호신의 하나)의 몸을 나타내어 설법하나니, 무진의야, 이 관세음 보살은 이러한 공덕을 성취하여 가지가지 형상으로 여러 국토에 다니시며, 중생을 건져 해탈케 하느니라."

―법화경 관세음보살보문품―

---

3) 『삼국유사』 '낙산이대성 관음 정취 조신(洛山二大聖觀音正趣調信)'

4) 이것을 '보문시현(普門示現), 널리 문을 열어 보이심'이라고 한다. 관세음보살은 형상에 따라 여러 종류가 있지만, 다음 6관음이 대표적이다. 6관음―성(聖)관음·천수(千手)관음·마두(馬頭)관음·십일면(十一面)관음·준제(准提)관음·여의륜(如意輪)관음, 성(聖)관음이 본신(本身)이고 5관음은 성관음의 변화신임.

## 이 놀라운 영험의 역사들

**28** 관세음 보살님의 위신력(威身力, 기적을 보이는 신비한 능력) 과 감응은 신화나 추상적 얘기가 아닙니다. 너무도 명백한 실증으로 나타나 왔습니다.

신라 경덕왕(景德王) 때 서라벌의 여인 희명(希明)은 다섯 살 눈먼 딸의 손을 이끌고 분황사(芬皇寺) 대비 관음상(大悲觀音像) 앞에 나아가 엎드려, 어린 딸과 함께 이렇게 기도했습니다.

"무릎을 곧추며
두 손바닥 모아
천수 관음(千手觀音) 앞에
비옵나이다.
천의 손, 천의 눈을
하나를 놓아 하나를 더옵길〔덜어 주시길〕
둘 없는〔눈이 둘 없는〕 내라
하나만으로 그윽히 고칠 것이라.
아아 나에게 끼쳐 주시면〔베풀어 주시면〕
놓되〔눈을 놓아주시되〕 쓸 자비여 얼마나 큰고."

— 도천수대비관음가(禱千手大悲觀音歌)[5] —

이렇게 하여 어린 소녀는 두 눈을 되찾았습니다.

**29** 만해(萬海) 한용운(韓龍雲) 선생은 만주 여행중, 굴라재 고

---

5) 희명의 모(母),『삼국유사』'분황사 천수관음 맹아득안(芬皇寺 千手觀音 盲兒得眼)'
6) 한용운,『죽다가 살아난 이야기』, 別乾坤 2권 6호, 韓龍雲全集 1, p. 252.

개에서 한 청년의 총격을 받고 쓰러져 피를 흘리며 의식을 잃었습니다. 죽어가고 있을 때 홀연 한 여인이 나타났습니다.

"관세음 보살이 나타났다. 아름답다! 기쁘다! 눈앞이 눈부시게 환하여지며 절세의 미인! 이 세상에는 얻어 볼 수 없는 어여쁜 여자, 섬섬옥수 꽃을 쥐고, 드러누운 나에게 미소를 던진다. 극히 정답고 달콤한 미소. 그러나 나는 이때 생각에, 총을 맞고 누운 사람에게 미소를 던짐이 분하기도 하고 여러 가지 감상이 설레였다. 그는 문득 꽃을 내게로 던진다! 그러면서 '네 생명이 경각에 있는데 어찌 그대로 가만히 있느냐?' 하셨다.……"[6] 이렇게 그는 보살님의 인도로 살아났지만, 이 때의 충격으로 신경을 다쳐 평생 채머리를 흔들었습니다.

**30** 대비 관음(大悲觀音)의 영험이 어찌 이뿐이겠습니까?
천육백여 년 이 나라 강산 굽이굽이에는 대비 관음 영험(靈驗, 신비한 체험, 영적인 체험)의 자취가 조약돌처럼 알알이 흩어져 있습니다.[7]

산마다 계곡마다, 절마다 마을마다 기도 성취의 놀라운 증언들이 풍성한 강물처럼 넘쳐 흐르고 있습니다. 이 땅에 생(生)을 받은 이 시대의 그 누구인들, 이 보살님의 은혜를 받지 않은 자 있겠습니까?

'나는 관세음 보살 모른다.' 이렇게 억지로 외면하는 형제가 있을지 몰라도 바로 그 형제의 가슴속에 보살님의 신비한 자비의 은혜가 물결치고 있습니다.

우리는 결코 이 보살님 곁을 떠나 살 수 없습니다.
무슨 까닭인가?

---

7) 서경보, 『佛敎講話』, 佛敎思想大全 7

관세음 보살님은 2천여 년 민족의 어머니가 되어왔기 때문입니다. 우리 동포들의 핏줄 속에 그 따뜻한 모성애가 녹녹히 흘러가고 있기 때문입니다.

**31** 그러길래 춘원(春園) 이광수(李光洙) 선생은 이렇게 보살님 앞에 찬가(讚歌)를 바치고 있습니다.

'관음상 이뤄지라, 대자 대비하신 모습
끌로나 붓으로나 옮길 줄이 있으리만
하그리 그리운 맘에 흙을 빚어 봅니다.

시방(十方) 아무 데나 아니 나심 없으시니
이 따〔땅〕이 부정키로 바리실〔버리실〕 줄 있으시리
임이여 현신하소서 그 얼굴을 보이소서.

서른 두 가지 몸 마음대로 나투시니
끝동 회장 저고리 남치마로 차리시고
젊으신 어머니 되시와 오래 여기 겹소서〔계시옵소서〕.'

— '觀音像'[8] —


**회향발원**(천수천안 관세음 보살님)
자비하신 부처님,
오늘 저희들은 겨레의 어머니, 대비 관세음 보살님을 친견하고 지치고 고된 몸과 맘을 들어 보살님의 품으로 돌아갑니다. 관세음 보살님은 임의 대자비를 행하시는 거룩한 임의 분신, 천의 눈으로 저희들의 아픔을 낱낱이 다 헤아리시고 천의 손으로 저희들의 고통을 어루만져

---

8) 이광수, 『李光洙全集』 15권(三中堂), p. 407

주십니다. 임과 만나는 날, 저희는 문득 잃어버린 눈을 되찾고 죽음의 암흑 속에서 벌떡 일어나며 질병의 악몽을 훨훨 벗어버립니다.

　무한한 생명의 원천이신 부처님,

　이제 저희가 정성을 다하여 일심으로 관세음 보살의 명호를 부르옵니다.
　　　　　　　　　　　　　　　　　　　　　　　－석가모니불 정근－

**찬불가**　관세음보살

**내용익힘**

1. 다음 문장을 완성해 봅니다.
　① 선남자 선여인들아, 만일 한량없는 백천만억 (　　)이 여러 가지 (　　)를 받을 때에, 이 (　　)의 이름을 듣고 일심으로 그 (　　)을 부르면, (　　)이 곧 그 음성을 듣고 모두 (　　)케 하느니라.
　② (　　), 보살님은 정녕 이 민족 (　　)의 님이시고, 이 백성들의 그리운 (　　), 겨레의 (　　)이십니다.
　　(　　), 이 부름은 정녕 이 겨레의 기도의 (　　)입니다.
　③ 부처님께서 중생들의 (　　), 자애로운 (　　)시라면 관세음 보살님은 우리들의 (　　), 자애로운 (　　)이십니다.

2. 다음 물음에 간결하게 대답해 봅니다.
　④ 관세음 보살님은 우리 겨레에게 있어 어떤 존재이신가?
　⑤ 왜 관세음(觀世音)이라 하는가?
　⑥ 관세음 보살님은 왜 천수천안(千手千眼)이신가?

**교리탐구**　관세음 보살님은 어떤 특성과 능력을 지니고 계시는가?

**실천수행**　매일 10분씩 관음정진〔관세음 보살 명호 염송하기〕을 실천하고 조금씩 그 시간을 늘려갑니다.

## 16과 • 내 스스로 보살이 되어

"선남자 선여인들아, 무서워 말고 두려워 말라. 그대들은 일심으로 관세음보살의 명호를 불러라. 이 보살이 능히 중생들의 두려움을 없애 주리니, 그대들이 보살의 명호를 부르면 이 원적들을 무사히 벗어나리라."

－법화경 관세음보살보문품－

**탐구과제**
- 천백억 화신이 구체적으로 누구인가를 깨닫습니다.
- 일심으로 부른다는 것이 어떻게 하는 것인가를 깊이 생각합니다.
- 관음기도의 진정한 실천이 어떻게 하는 것인가를 발견합니다.

### 무서워 말고 두려워 말라

**32** 눈을 뜨는 어린 소녀,
죽음에서 떨치고 일어나는 만해 선생.
'이럴 수가 있을까? 이것은 지나친 신비주의 아닌가?'
벗이여, 행여 이렇게 의심나거든 가수 권혜경 님의 저 기쁜 환호를 들어 보세요. 그는 지금 이렇게 외치고 있습니다.

"보살님, 이제 살았어요! 땀이 나요. 땀이 나요. 부처님, 감사합니다. 전 이제 살았습니다."

**33** "보살님, 이제 살았어요!"
이것은 신라 때 소리가 아닙니다. 몇십 년 전 소리도 아닙니다.

지금 이 시대의 소리, 두 눈이 파랗게 살아있는 이의 소리입니다. 이 소리는 이것 하나로 끝나지 않습니다. 여기저기, 이 사람 저 사람 입에서 터져 나오는 보통 소리, 흔한 소리입니다.

'그렇다면 불교도 다른 종교와 마찬가지 아닌가? 다를 바가 없지 않은가?'

아마 이렇게 의심할 친구들도 있을 것입니다.

'불교는 이런 종교가 아니지 않은가? 부처님은 그러신 분이 아니지 않은가?'

또 이렇게 반문하는 친구들도 없지 않을 것입니다.

**34** 나는 이제 더 할 말이 없습니다. 오로지 부처님께 나아가 무릎 꿇고 엎드려 법을 기다릴 뿐입니다.

'세존이시여, 정녕 무엇이 진실이오이까?'

세존의 사자후가 우리들의 의심과 망설임의 숲을 가르며 우렁차게 들려 옵니다.

"선남자 선여인들이여, 무서워 말고 두려워 말라. 그대들은 일심으로 관세음 보살의 명호를 불러라. 이 보살이 능히 중생들의 두려움을 없애주리니, 그대들이 보살의 명호를 부르면 이 원적(怨敵)들을 무사히 벗어나리라."
　　　　　　　　　　　　　　　　　－법화경 관세음보살보문품－

**35** 나는 이제 두렵지 않습니다. 우리 불보살님의 위신력이 하늘과 땅 위에서 가장 뛰어나시고, 모든 신(神)들을 능히 거느리심을 믿기 때문입니다. 언제 어디, 어떤 상황 속에 있을지라도, 내가 부르면 불보살님께서 곧 몸을 나투어 달려오실 줄 굳게 믿기 때문입니다.

세존께서 이렇게 분부하십니다.

"만일 어떤 이가 이 관세음 보살의 이름을 받들면, 그가 혹시

큰 불 속에 들어가더라도, 불이 그를 태우지 못할 것이니, 이것은 관세음 보살의 위신력 때문이며, 혹은 큰 물에 떠내려 가더라도 그 명호를 부르면 곧 얕은 곳에 이르게 되며, 또 그가 해침을 당하게 되더라도 관세음 보살의 명호를 부르면, 그자들의 칼이나 막대기가 곧 조각조각 부러져 능히 벗어날 수 있으며……, 또 어떤 이가 죄가 있거나 없거나, 고랑이 손발에 채워지고 몸이 묶였을지라도 관세음 보살의 명호를 부르면, 이것들이 다 끊어지고 풀어져 곧 벗어나리라."

－법화경 관세음보살보문품－

**36** '나는 열심히 관세음 보살님 부르고 기도해도 내 소원은 성취되지 않더라.'

아마 이렇게 생각하고 있을 친구들이 많을 것입니다.

보리자는 이렇게 말합니다.

"벗이여. 그런 생각일랑 이제 그만 버려요. 회의하고, 비교하고, 따지고, 계산하고……, 그런 어둔 상념(想念)일랑, 저 흘러가는 물 속에 던져 버려요. 타는 불 속에 던져 버려요.

벗이여, 우리 정성을 다하여 부처님을 경배하고, 보살님을 불러요. 일심 칭명(一心稱名), 일심으로 불보살님의 명호를 함께 불러요.

부처님 법은 진실불허(眞實不虛), 결코 허망함이 없으니, 문제가 있다면 우리에게 있음이니.

벗이여, 이제 우리 지극한 정성으로 관세음 보살님을 불러요. 불보살님을 불러요. 관세음 보살님은 응답하십니다. 우리가 부르는 즉시로 관세음보살님께서는 응답하고 달려오십니다. 깊은 산 속에서 '야호－' 소리치면, '야호－'메아리가 되돌아오듯, 불보살님께서는 이렇게 응답하고 우리에게로 돌아오십니다."

## 이웃들이 부처님 화신인데

**37** 일심으로 부른다는 것이 대체 어떻게 부르는 것인가?

그것은 내 모든 것을 던져 버리는 것입니다. 망설임도, 부끄러움도, 의심도 다 던져 버립니다. 체면도, 명예도, 지위도 남김없이 던져 버립니다.

그래서 텅 빈 마음이 됩니다. 텅 빈 마음이 되어서, 불보살님 앞에 무릎 꿇고 엎드립니다. 무릎 꿇고 엎드려 매달립니다. 매달려 눈물흘리며, 참회하며, 부릅니다.

'관세음 보살님, 나를 살려 주세요.

부처님 당신이 정말 부처님이시라면, 이 불쌍한 인생 하나 살려 주세요.'

저 가련한 여인처럼, 아무 생각없이 텅 빈 마음으로 막무가내로 불보살님께 매달려 기도합니다.

텅 빈 마음으로 부를 때, 매달려 불보살님의 명호를 부를 때, 불보살님은 우리가 원하는 모습이 되어 우리 앞에 다가오십니다. 낯선 시골 할머니, 더벅머리 총각, 무뚝뚝한 만수 보살, 이 다정하고 친근한 모습이 되어 다가와 우리를 인도하십니다.

아, 이제 나는 깨달았습니다.

내 마음이 흐린 생각으로 가득 찼을 때 이 세상 사람들이 모두 무서운 적이 되지만, 내가 텅 빈 마음으로 돌아갈 때, 일심으로 참회하고 기도할 때, 이 모든 사람들이 곧 불보살님의 화신이 되어 나를 구제한다는 놀라운 신비를 나는 이제 깨달았습니다.

**38** 고요히 멈추어 명상해 보면, 나를 둘러싸고 있는 이 수많은 부모 형제·일가·친척·이웃·동료들……이 아니더면, 내가 어찌 이렇게 생존할 수 있겠습니까? 이들이야말로, 실로 우리 눈에 보이는 부처님의 천백억 화신인 것입니다.

거리를 오가는 저 이름모를 행인들, 운전 기사, 안내양, 선생님, 교통순경 아저씨, 전선(前線)의 군인들……, 나는 이들에게서 새삼 부처님의 진면목(眞面目, 참된얼굴)을 발견합니다. 부처님·불보살님은 실로 내 마음의 반영이라는 놀라운 진실을 발견합니다.

세존 말씀을 새삼 반추해 봅니다.

"관세음 보살이 곧 부처의 몸을 나타내어 설법하며, 벽지불〔수행자〕의 몸을 나타내어 설법하며, 성문〔부처님의 제자〕의 몸을 나타내어 설법하며, 범왕〔하늘신〕의 몸을 나타내어 설법하여, 제석천〔하늘신〕의 몸을 나타내어 설법하며, 자재천〔하늘신〕의 몸을 나타내어 설법하며, 천대장군〔수호신〕의 몸을 나타내어 설법하며, 비사문〔수호신〕의 몸을 나타내어 설법하며, 소왕(小王)의 몸을 나타내어 설법하며, 장자(長者)의 몸을 나타내어 설법하며, 거사(居士, 남자신자)의 몸을 나타내어 설법하며, 관리의 몸을 나타내어 설법하며, 바라문의 몸을 나타내어 설법하며, 비구〔남자스님〕·비구니〔여자스님〕·우바새〔남자신자〕·우바이〔여자신도〕의 몸을 나타내어 설법하며, 장자·거사·관리·바라문의 부인의 몸을 나타내어 설법하며, 동남(童男, 소년)·동녀(童女, 소녀)의 몸을 나타내어 설법하며, 하늘〔神〕·용(龍)·야차〔난폭한 신〕·건달바〔음악의 신〕……의 몸을 나타내어 설법하나니, 무진의야! 이 관세음 보살은 이러한 공덕을 성취하여 여러 가지 형상으로 여러 국토에 노니시며, 중생을 제도하여 해탈케 하시느니라."

-법화경 관세음보살보문품-

**39** 부끄럽습니다. 지난 세월, 내 살아온 모습 생각하면, 부끄럽고 죄스럽습니다. 나는 탐욕과 교만에 빠져 지극히 가까이 있는 이웃 부처님들을 멀리 하고 살아 왔습니다. 이 이웃들이 바로 부처님의 천백억 화신인 줄 모르고, 엉뚱한 곳에서 찾아 헤매었던 지난 날,

내 욕심만 채우고 앉아서, 저 이웃들을 외면하고 앉아서 '관세음 보살'만 열심히 외웠던 지난 날, 그러면서 영험이 없다고 불평하고 의심했던 지난 날……, 생각하면 등에 땀이 흐릅니다.

이제 우리는 부처님 앞에 나아가 몸을 던져 경배합니다. 눈물 삼키며 지난 허물을 참회합니다. 얼음장을 깨고 찬물로 몸을 씻으며 우리는 탐욕과 자만의 묵은 때〔垢〕를 털어버립니다. 부처님 앞에 무릎이 까지도록 절하고 또 절합니다.

**40** 청(靑)보리들은 이렇게 사룁니다.

"하늘과 땅 위에 홀로 존귀하신 부처님, 이제 저희 청보리들이 지난 허물 엎드려 참회하나이다. 스스로 교만에 빠져 지척에 있는 이 거룩한 부처님들을 무시하고, 스스로 탐욕에 취하여 이 고단한 이웃들을 외면하고 살아온 저희 지난 허물을 눈물로 참회하나이다.

항상 함께 하옵시는 자비하신 부처님, 이제 저희들, 이 이웃 부처님께로 돌아가겠나이다. 이 참 부처님들께 경배드리고 함께 수고하겠나이다. 저희 스스로 관세음 보살의 서른둘 몸 되어 그들의 손이 되고 눈이 되겠나이다. 병든 이웃, 고뇌하는 형제를 먼저 기다리겠나이다.

부처님!

저희 청보리들의 이 지극한 참회와 발원을 애민(哀愍)히 여겨 받아 주옵소서."

## 일심으로 불러요

**41** '저희 스스로 관세음 보살의 서른둘 몸 되어.'

정녕 이러합니다. 이제 나와 당신이 착수할 것은 이것밖에 다시 없습니다.
 무슨 까닭인가?
 우리가 이렇게 변하지 아니하면, 불보살님께서 우리 곁으로 오실 수 없기 때문입니다. 오셨다 하여도 우리 스스로 바뀌지 아니하면, 금새 떠나시고 말 것이기 때문입니다.[1]
 그래서 만해(萬海) 선생은 한 몸을 민족의 의(義)로운 제단(祭壇) 위에 던지셨습니다. 가수 권혜경 님은 회생(回生)한 새 인생을 교도소의 불우한 청소년들을 위하여 베풀고 있습니다. 그들을 찾아 노래와 옷과 먹을 것과 웃음을 보시하고, 의(義)어머니가 되어서, 출소 후의 숙식과 취업을 주선하는데 전심전력하고 있습니다. 의(義)아들이 재물을 훔쳐가는 배신을 당해도 그는 자신의 죄갚음으로 생각하고, 기꺼이 받아들이고 있습니다.

## 42 '나무관세음 보살.'

 이제 우리는 어떤 재난을 당하여도 결코 두려워하지 않습니다.
 '당신 암이요.' 병원에 가서 의사가 이렇게 진단하면 우리는 금새 절망하고 맙니다. 절망은 곧 죽음입니다. '암이구나, 나는 이제 죽었다'라는 절망의 망념(妄念)이 우리를 먼저 죽이고, 육신이 이미 죽어버린 우리 마음을 따라 죽어갑니다.
 관세음 보살님은 이렇게 끊임없이 속삭이고 계십니다.

---

1) 그러므로 '관세음보살'을 부르는 자가 자기 자신이 먼저 자비심을 가지고, 스스로 자기의 마음을 관세음 보살과 같이 실행하려는 생각을 가져서 자기의 죄업을 참회하고, 자기의 마음을 스스로 굳게 하지 아니하면 아니 되는 것이다. 자기의 마음을 제가 스스로 참회하여 죄업을 녹이지 아니하고, 중생업(衆生業)을 지어 가기만 하면서, 말로만 관세음보살께 아무리 고통과 환란을 구제해 달라고 해도 소용이 없는 것이다. 모든 재앙과 환란은 밖에 있는 것이 아니라, 모두가 다 내 마음속에 있는 것이다.(김대은,『관음경 강화』, p. 32)

"이 세상에 암은 없다. 암이란 인간들의 혼미한 생각이 빚어낸 망념의 덩어리이니라.

선남 선녀들아, 이 연꽃을 보아라.[2] 너희는 결코 죽지 아니하니라. 진흙 속에서 피어나는 연꽃처럼, 너희는 스스로 다시 살아 나리라.

사랑하는 아들아, 딸아, 이 병의 감로수(甘露水)를 마셔라. 내가 너희들에게 먹여주마. 이 감로수를 마시고 일어나거라. 잠에서 깨어난 사자처럼 벌떡 일어나거라."

**43** 영하 25도의 얼음을 뚫고 솟아오르는 저 버들 강아지!

저것은 부처님께서 보내시는 생명의 소식입니다. 무한 광명하신 부처님의 대생명이 지금 여기에 변만(遍滿)해 있다는 가슴 설레이는 소식입니다. 불보살님을 믿고, 의지하며, 일심으로 부르는 자는 결코 죽지 아니하리라는 신나는 소식입니다. 부르면, 곧 응답하고 달려 오시리라는 불보살님의 축복의 눈짓입니다.

파랗게 솟아오르는 저 버들강아지. 저것은 불보살님께서 생명의 문을 온 누리에 널리 열어 보이심〔普門示現〕이고, 동시에 내 스스로 영원한 생명의 문을 열어 보이는 것입니다. 저것은 필경 불보살님과 내가 하나되어 만남이고, 교감(交感)하는 희망의 소식입니다.[3]

이제 우리 청(靑)보리들은 버들강아지의 눈망울 속에 오시는

---

2) 관세음보살이 연꽃을 들어 보이는 것은 모든 중생에게 본래 불성(佛性), 부처님 같은 무한한 생명력이 깃들어 있음을 일깨우는 것이다.
3) 왜냐하면 여러분은 자기(自己)에게 관음(觀音)을 발견하는 것이고, 그 관음을 자기에게 머물게 하는 것이고, 결국 자기가 관음인 것이니까, 그래서 각자 각자가 관음이 되어서, 이 지상의 모두 관음이 되지 않으면 안 된다. 여기에 이르러서, '시방 모든 곳에 한 찰나 사이라도, 몸을 시현(示現)치 않음이 없다'라고 한다. (小瀧淳)/ 신명균 역, 『觀世音菩薩 現前에 對하여』(話題社, 1968, p.17~18).

님을 맞이하러 일어섭니다. 소리를 모아 노래합니다.

'임이여, 나투소서 그 모습 보이소서
어두운 이 세상에 그 모습 보이소서
목마른 중생에게 감로수를 내리시고
길잃은 중생에게 바른 길 열으소서

우리에게 있는 것을 베풀게 하옵소서
이웃끼리 사랑하고 서로 돕고 보살피며
이 세상이 평화로운 극락세계 되도록
우리 모두 보살의 서른두 몸 되오리다.

나무 구고구난 관세음보살
나무 대자대비 관세음보살.'    -법정 스님, '관세음보살님찬가'-

**44** 이제 우리는 저 임 앞에 섰습니다.
 임 앞에 나아가 향을 사르고, 두 손 모우고 무릎 꿇고 엎드려 삼배를 드립니다.
 '부처님
 관세음 보살님.'
 그리움으로 가슴 조이며 가만히 불러 봅니다.
 임께서 환-히 웃으십니다. 손을 들어 연꽃을 보이십니다. 팔을 벌려 우리를 안으십니다. 감로수를 우리에게 먹이십니다.
 아, 이 순간,
 땀이 납니다. 온 몸에 땀이 납니다.
 땀구멍마다 묵은 땀이 철철 넘치고, 상쾌한 새 바람이 회오리처럼 안팎으로 불어옵니다.
 벗이여,
 살았습니다. 이제 우리 살아났습니다.

임 속에서 정녕 새로 살았습니다.

## 단원정리

● **합송**  우리 스스로 보살이 되어

**법사**  대중들이여, 경건히 합장·경청하고 응답하시오.
 선남자 선여인들이여, 무수한 생(生)을 거듭하면서 부처님은 무엇을 하셨습니까?
**대중**  부처님께서는 자기 몸을 버리셨습니다. 자기 몸을 버려서 죽어가는 생명들을 구하여 살리셨습니다. 눈도 버리고 손발도 버리며 몸도 버리고 생명도 버리며 왕관도 버리고 청춘도 버리며 중생을 건지고 이 세상속에 불국정토를 실현하셨습니다.
**법사**  선남자 선여인들이여, 보살님들은 어떤 일을 행하십니까?
**대중**  보살님들은 부처님의 화신이며 분신, 우리 곁에 오셔서 부처님의 대자비를 하나하나 실천해 가십니다. 문수보살은 부처님의 지혜를 행하시고, 보현보살은 부처님의 원(願)과 행(行)을 행하시며, 관세음보살은 고난속의 생명을 구제하시고 지상보살은 지옥에서 고통받는 중생을 건지시기 위하여 눈물 흘리고 계십니다.
**법사**  선남자 선여인들이여, 우리는 왜 관세음 보살의 명호를 부릅니까?
**대중**  관세음 보살은 자애로운 어머님, 우리 겨레의 어머님이시기 때문입니다. 어린 자식의 부름을 듣고 달려오시는 어머님과 같이, 공포와 고통 속에서 일심으로 부르면 관세음 보살님께서는 즉시 응답하시고 달려오십니다. 천수 천안으로 우리를 구제하면 영원한 평화로 인도하십니다.
**법사**  선남자 선여인들이여, 이제 우리는 어찌해야 합니까?
**대중**  보살이 될 것입니다. 우리 스스로 관세음 보살이 되어 보살의 삶을 살아갈 것입니다. 가난한 자와 함께 나누고 병든이를 옆에서 구호하며 장애자의 손발이 되고 두려워하는 자들을 위로할 것입니다.
**함께** 우리에게 있는 것을 베풀게 하옵소서
이웃끼리 사랑하고 서로 돕고 보살피며
이 세상이 평화로운 극락세계 되도록
우리 모두 보살의 서른둘 몸 되오리다.
**창작** '우리 스스로 보살이 되어'라는 주제로 관음발원문을 작성하여 차례로 나가 발표합니다.
**법담** '우리는 어떻게 기도할 것인가? 무엇이 참다운 기도인가? 나는 지금 어떻게 기도하고 있으며 기도를 통하여 느끼는 바와 얻은 것은 무엇인가?'에 대하여 속 마음을 털어놓고 의견을 나눕니다.


• 의식 ④ 오계 수계식

### 1. 수계(受戒)의 의미
1. 수계란 계(戒)를 받아 지닌다는 뜻입니다.  계(戒)란 무엇인가?
붓다 석가모니께서 제정하여 우리 대중들로 하여금 반드시 지키도록 분부하신 윤리적인 행동 규범으로서 흔히 '계율(戒律)', '계법(戒法)'이라고도 일컫습니다. 계에도 출가 수행자들이 지켜야 할 계와 재가 불자들이 지켜야 할 계 등 여러 가지 종류가 있지만, 그 근본이 되는 것은 오계(五戒, Panca-sila－판차실라)입니다. 오계, 곧 다섯 가지 계는 모든 불자들이 성실히 지켜가야 할 근본윤리입니다.
2. 오계가 무엇인가?
붓다 석가모니께서 확립하신 다섯 가지 계법은 이러합니다.
첫째, 산 목숨을 해치지 말라.〔불상생(不殺生)〕
둘째, 주지 않는 것을 훔치지 말라.〔불투도(不偸盜)〕
셋째, 삿된 음행을 하지 말라.〔불사음(不邪淫)〕

넷째, 거짓말하지 말라. 〔불망어(不妄語)〕
다섯째, 과도하게 술 마시지 말라. 〔불음주(不飮酒)〕

3. 벗이여, 어떻습니까? 이 다섯 가지를 지키자는 데 반대할 사람이 있겠습니까? 반대할 이유가 있겠습니까? '왜 오계를 받아 지녀야 하나?' 하고 더 설명할 필요가 있겠습니까?

우리가 부처님 문안에 들어와서 불자가 된다는 것은 곧 삼귀의와 오계를 받아지닌다는 약속을 의미합니다.

삼귀의-오계야 말로 불자의 정신적 생명이며 삶의 근본 틀입니다. 이 삼귀의-오계를 잘 받아지님으로써 우리는 스스로 무지를 타파하고 밝은 지혜를 발휘할 수 있습니다. 삼귀의-오계를 잘 받아 지님으로써 지혜의 힘을 길러 번뇌 업장을 소멸하고 해탈을 실현할 수 있습니다. 생사의 고통에서 벗어나 영생불멸을 누릴 수 있습니다.

붓다-석가모니께서 말씀하십니다.

"계(戒)는 모든 착한 일에 오르는 계단이요, 모든 착한 일의 근본이니, 대지가 일체 수목이 생겨나는 근본이 됨과 같으니라."  -열반경-

4. '계를 받고 어긴다면 죄가 되고 빚을 빚을 덴데-, 나는 오계를 지킬 자신이 없는데-잘 지킬 수 없는 것을 어떻게 지키겠다고 할 수 있는가?-'

아마 이렇게 생각하는 친두들도 있을테지요. '구속받기 싫다'고 생각하는 친구들도 많을 테지요. 그러나 부처님께서는 "계를 받고 그 자리에서 어겨도 계를 안 받는 것보다는 천배 만배 나은 공덕이 된다."하셨습니다.

무엇 때문인가? 어째서 '계를 받고 바로 어겨도 공덕이 된다'하시는가?

계를 받아지니는 것은 곧 우리 몸 속에 선한 씨앗을 심는 것이기 때문입니다. 밭에 씨앗을 많이 뿌려 다 죽고 한 알만 살아나도 그것으로 마침내 풍성한 수확을 거둘 수 있습니다. 그러나 흉년이 두려워서 씨앗을 아예 심지 않는 농부는 어찌 되겠습니까?

이제 붓다 석가모니께서 우리에게 분부하십니다.

"불자들은 잘 들어라. 한 나라의 왕으로 부터 짐승에 이르기까지, 신분의 높고 낮음을 막론하고, 모두 이 계를 받을 것이니, 계를 받음으로써 가장 청정한 자가 되리라."

-불설 범망경-


**2. 수계 과정**

1. 수계요건

　수계자는 다음과 같은 요건을 잘 갖추어야 합니다.

　1) 입문식 이후 3개월 이상 수행한다.

　2) 법회 10회 이상 동참한다.

　3) 삶의 현장에서 깨달음을 실현해가는 단계적 불교 수행교본〔성인－수계과정〕－이 기쁜 만남의 2～4장을 익힌다.

　4) 3회 이상의 자원 봉사에 동참한다.

2. 이러한 일들을 해 마친다음 지도 법사님에게 수계원서를 제출하고 그 인가를 받습니다.

3. 법회는 2박3일 이상의 수계 수련회를 개설하고 수계발원자들을 청정하게 인도합니다.

4. 법회는 날을 가리어 수계식을 거행합니다.

5. 수계 발원자는 목욕재계 수계식에 나아가 오계를 받아지니고 동시에 법명(法名)을 받습니다. 법명은 수계와 함께 받게 되는 부처님 제자로서의 새로운 이름입니다. 우리는 이 법명을 항상 즐겨쓰고 법우들 끼리는 서로 법명을 불러 줄 것입니다.

6. 수계함으로써 이젠 우리는 '수계제자'가 되었습니다. 깨달음으로 향하는 첫째 계단인 '수계제자'의 자리에 오른 것입니다. 이것은 참으로

크나큰 영광이며 기쁨입니다. 내 인생의 진정한 탄생입니다. 다음 단계인 '선우(善友)'의 자리에 오를 때까지 더욱 분발하여 결코 물러서지 아니할 것입니다.

# 부록

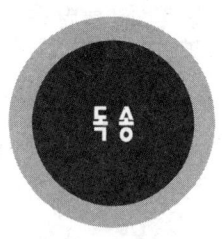

- 예불문
- 반야심경
- 나의 기원
- 불자 하루송(頌) — 아침기도
- 평화를 위한 발원 — 저녁기도

## 예불문

계향 정향 혜향 해탈향 해탈지견향
戒香 定香 慧香 解脫香 解脫知見香

광명운대 주변법계 공양시방 무량불법승
光明雲臺 周邊法界 供養十方 無量佛法僧

헌향진언　'옴 바아라 도비야 훔'(3번)
獻香眞言

지심귀명례 삼계도사 사생자부 시아본사 석가모니불
至心歸命禮 三界導師 四生慈父 是我本師 釋迦牟尼佛

지심귀명례 시방삼세 제망찰해 상주일체 불타야중
至心歸命禮 十方三世 帝網刹海 常住一切 佛陀耶衆

지심귀명례 시방삼세 제망찰해 상주일체 달마야중
至心歸命禮 十方三世 帝網刹海 常住一切 達摩耶衆

지심귀명례 대지문수 사리보살 대행보현보살
至心歸命禮 大智文殊 舍利菩薩 大行普賢菩薩

대비관세음보살 대원본존 지장보살마하살
大悲觀世音菩薩 大願本尊 地藏菩薩摩訶薩

지심귀명례 영산당시 수불부촉 십대제자 십륙성 오백성
至心歸命禮 靈山當時 受佛付囑 十大弟子 十六聖 五百聖

독수성 내지 천이백 제대아라한 무량자비성중
獨修聖 乃至 千二百 諸大阿羅漢 無量慈悲聖衆

지심귀명례 서건동진 급아해동 역대전등 제대조사
至心歸命禮 西乾東震 及我海東 歷代傳燈 諸大祖師

천하종사 일체미진수 제대선지식
天下宗師 一切微塵數 諸大善知識

지심귀명례 시방삼세 제망찰해 상주일체 승가야중
至心歸命禮 十方三世 帝網刹海 常住一切 僧伽耶衆

유원무진삼보 대자대비 수아정례 명훈가피력
唯願無盡三寶 大慈大悲 受我頂禮 冥熏加被力

원공법계 제중생 자타일시 성불도
願共法界 諸衆生 自他一時 成佛道

## 예불문

계향 정향 혜향 해탈향 해탈지견향

참마음의 깨끗한 향 살아 올리니
맑은 구름 온누리 두루하여서
시방세계 한량없는 삼보님 전에
빠짐없이 모두 공양하여지이다.

헌향지언 '옴 바아라 도비야 훔' (3번)

삼계 모든 중생들의 길잡이시고
사생의 자비로운 아버지이신
우리 스승 석가모니 부처님께
지극한 마음으로 절하옵니다.

온누리 항상 계신 불보님께
지극한 마음으로 절하옵니다.

온누리 항상 계신 법보님께
지극한 마음으로 절하옵니다.

지혜 크신 문수보살
행원 크신 보현보살
사랑 깊은 관세음보살

원력크신 지장보살 높은 성인께
지극한 마음으로 절하옵니다.

영산회상 부처님의 부촉받으신
여러 거룩한 제자들께
지극한 마음으로 절하옵니다.

부처님의 뒤를 이어 진리 깨치사
이 세상에 마음등불 환히 밝히신
선지식 스님들과 바른 스승께
지극한 마음으로 절하옵니다.

온누리 항상 계신 승보님께
지극한 마음으로 절하옵니다.

바라오니 다함없는 삼보님이여
대자비로 저희 절을 받으시옵고
그윽한 가피력을 내리시어서
온누리 모든 중생들이 모두 함께
부처님의 위없는 도를 이뤄지이다.

## 반야심경(般若心經)

마하반야바라밀다심경 관자재보살 행심반야바라밀다시 조견
摩訶般若波羅蜜多心經 觀自在菩薩 行深般若波羅蜜多時 照見

오온개공 도일체고액 사리자 색불이공 공불이색 색즉시공
五蘊皆空 度一切苦厄 舍利子 色不異空 空不異色 色卽是空

공즉시색 수상행식 역부여시 사리자 시제법공상 불생불멸
空卽是色 受想行識 亦復如是 舍利子 是諸法空相 不生不滅

불구부정 부증불감 시고 공중무색 무수상행식 무안이비설신의
不垢不淨 不增不減 是故 空中無色 無受想行識 無眼耳鼻舌身意

무색성향미촉법 무안계 내지 무의식계 무무명 역무무명진
無色聲香味觸法 無眼界 乃至 無意識界 無無明 亦無無明盡

내지 무노사 역무노사진 무고집멸도 무지역무득 이무소득고
乃至 無老死 亦無老死盡 無苦集滅道 無智亦無得 以無所得故

보리살타 의반야바라밀다고 심무가애 무가애고 무유공포
菩提薩埵 依般若波羅蜜多故 心無罣碍 無罣碍故 無有恐怖

원리전도몽상구경열반 삼세제불 의반야바라밀다 고득아뇩다라
遠離顚倒夢想究竟涅槃 三世諸佛 依般若波羅蜜多 故得阿耨多羅

삼먁삼보리 고지반야바라밀다 시대신주 시대명주 시무상주
三藐三菩提 故知般若波羅蜜多 是大神呪 是大明呪 是無上呪

시무등등주 능제일체고 진실불허 고설 반야바라밀다주 즉설주왈
是無等等呪 能除一切苦 眞實不虛 故說 般若波羅蜜多呪 卽說呪曰

'아제 아제 바라아제 바라승아제 모지사바하'(3번)
揭諦 揭諦 波羅揭諦 波羅僧揭諦 菩提娑婆訶

## 지혜의 완성

관자재 보살이 지혜의 완성을 실천할 때
존재의 다섯 가지 구성요소에 실체가 없음을 보고
중생의 모든 괴로움과 재난을 건졌다.
사리자여, 물질적 현상은 공과 다르지 않고
공은 물질적 현상과 다르지 않다. 그러므로 물질이 곧 공이요,
공이 곧 물질이며, 느낌과 생각과 의지작용과 의식도
그와 같이 실체가 없다.
사리자여, 이 모든 존재의 실체가 없음은
나지도 않고 없어지지도 않으며 늘지도 줄지도 않는다.
그러므로 공에는 물질도 없고 느낌과 생각과 의지작용과 의식도 없다.
눈과 귀와 코와 혀와 몸과 의식도 없으며,
형체와 소리와 냄새와 맛과 감촉과 의식의 대상도 없으며,
눈의 영역도 없고 의식의 영역까지도 없다.
무명도 없고 무명이 다함도 없으며, 늙음과 죽음도 없고
늙음과 죽음이 다함까지도 없으며, 괴로움과 괴로움의 원인과 괴로움을 없앰과 괴로움을 없애는 길도 없으며, 지혜도 없고 얻음도 없다.
얻을 것이 없으므로 보살은 지혜의 완성에 의지하여
마음에 걸림이 없다. 걸림이 없으므로 두려움이 없고
뒤바뀐 생각을 버리고 영원한 열반에 들어간 것이다.
과거 현재 미래의 모든 부처님도 이 지혜의 완성에 의지하여 최상의 깨달음을 얻는다. 그러므로 지혜의 완성은 가장 신비한 진언이며 가장 밝고 가장 높고 무엇에도 견줄 수 없는 진언이다.
그것은 온갖 괴로움을 없애고 거짓이 없으므로
진실한 것임을 알아라.
진언은 지혜의 완성에서 다음과 같이 말해진다.
가테 가테 파라가테 파라상가테 보디스바하
(가는 이여, 가는 이여, 피안으로 가는 이여, 피안으로 온전히 가는 이여, 깨달아지이다.)

## 나의 기원

항상 함께 하시는 자비하신 부처님,
저희가 지극한 정성으로 부처님께 귀의하옵고
부처님의 정법 배우고 전하기 위하여
온갖 고난 참고 이기오며
굳센 신념으로
맹세코 큰 불사 성취하겠나이다.
저희에게 큰 지혜와 용기를 베푸소서.

나무석가모니불
나무석가모니불
나무시아본사 석가모니불.

## 불자 하루송 • 아침기도

나는 거룩하신 부처님의 자식, 맑고 깨끗한 청(青)보리
오늘 하루의 삶을 기뻐하고 찬탄합니다.
내 속에서 미소하시는 불보살님의 무한한 자비가
나와 가족과 우리 형제들의 앞길을
항상 광명과 행복과 건강으로 인도하심을 믿습니다.

나는 내가 하는 일이
나와 이웃과 사회를 위하여
진실로 보람찬 창조작업임을 믿기 때문에
정성과 능력을 다하여 일하고
또 약속을 지킵니다.

나는 항상 쾌활하게 웃고 콧노래를 부르며
우울한 얼굴을 하거나 불평하지 않습니다.
나는 이웃을 찬양하고 축복하며
결코 비방하거나 부정하지 않습니다.

내 앞에 닥친 고난과 실패는
그것이 어두웠던 내 마음의 그림자인 줄 아는 까닭에,
그것이 나를 일깨우고
더 크게 성취시키려는
불보살님의 숨은 자비인 줄 아는 까닭에
오히려 기쁜 마음으로
더 한층 굳세게 전진합니다.

언제 어디서나
부처님을 생각하고 그 이름을 부릅니다.
아침 햇살처럼 쏟아지는 불보살님의 은혜와
형제들의 사랑 앞에 감사드리며,
나는 오늘 하루도 유쾌하게 노래 부르면서
일하며, 전하며, 또 실증해 갑니다.
나무마하반야바라밀〈바라밀 염송으로 들어간다〉

## 평화를 위한 발원 ● 저녁기도

자비하신 부처님,
오늘 하루
저희에게 베풀어 주신
님의 풍성한 은혜에 감사하옵고
알게 모르게 지은
저희들의 지난 허물들
진심으로 참회하나이다.

자비하신 부처님,
오늘 하루의 삶을 회향하면서
저희들은 스스로 묻고 있습니다.
'오늘 하루, 나는 땀 흘려 일하였는가?
정성껏 부처님께 공양 올렸는가?
힘껏 형제들과 함께 나누었는가?'

자비하신 부처님,
이제 모든 번뇌를 쉬고
님의 품속으로 돌아가
내일 아침
찬란하게 솟아오를
정토의 태양을 예비하나이다.
부처님
저희를 평화로 인도하소서.

나무석가모니불
나무석가모니불
나무시아본사 석가모니불.

## 찬불가

삼귀의
찬양합니다(둥글고 밝은빛)
청법가
우리의 기도
사홍서원
산회가
정근송
오라 친구여
새 법우 환영가
불교도의 노래
무소의 뿔처럼
거룩하신 삼보
임의 숨결
고마우신 부처님
석가모니불
진리의 행진곡
법신 찬양가
예불가
부처님께 기원합니다
자비방생의 노래
보현행원
관세음보살
관세음의 노래

# 삼귀의

# 우리의 기도

무 원 작사
김성근 작곡

부 록 215

## 산회가

정운문 글
정민섭 곡

몸은 비—록 이 자리에서 헤어—지지만

마음—은 언제라도 떠나—지 마세

부록 217

# 정근송

# 오라 친구여

김재영 요
서창업 곡

부록 219

# 거룩하신 삼보

반영규 글
김용호 곡

보통 빠르기로

1. 아득한 억겁동안 무량공덕 쌓으시고
2. 사바에 나투시어 금구로써 펴신법문
3. 가을하늘 수정알이 그토록 밝을소냐

설산에서 육년고행 무상도를 이루시니
백천억겁 지나간들 그 향내 변하리까
피로울땐 자비를 어려울땐 힘주시고

우뚝하신 금빛몸 온누리에 가득하네
삭막한 중생계에 감로수로 고루내려
헤매는 중생들의 기쁨설움 달래시네

백옥호의 미묘한빛 육도를 두루밝혀
봄비에 새싹돋듯 억만중생 환희하네
금강보다 굳은서원 가없는 무상공덕

부록 225

부 록 227

# 고마우신 부처님

이운허 글
김화림 곡

1. 거룩하신 비로자나 부 — 처 님
2. 크고크신 복덕지혜 부 — 처 님

셀 수 없 는 여러중생 인 도 하 시 며
고 맙 게 도 이세상에 강 림 하 시 사

장 — 하 게 보리이룰 수 기 주 시 사
중 — 생 들 어린마음 깨 우 치 시 고

그 네 들 을 해탈문에 올 려 주 셨 네
보 리 도 에 가는행을 닦 게 하 셨 네

# 법신 찬양가

정운문 글
김회조 곡

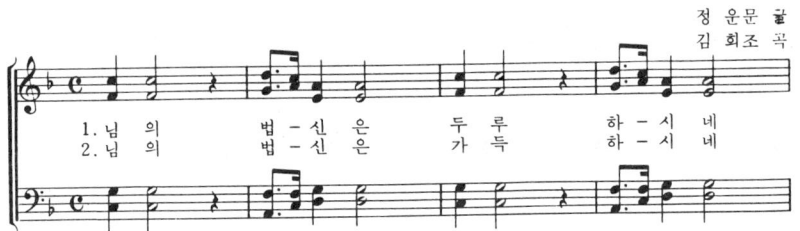
1. 님의 법-신은 두루 하-시네
2. 님의 법-신은 가득 하-시네

천백억 세-계에 온-우-주에
저시방 세-계에 온-천-지에

찬란한 금색빛을 널리 놓-아서
만상을 따라응해 나투 지-만은

인간과 천-상을 비-추-시네
보련대 그-안에 머-무-시네

# 부처님께 기원합니다

김재영 글
서창업 곡

부록 237

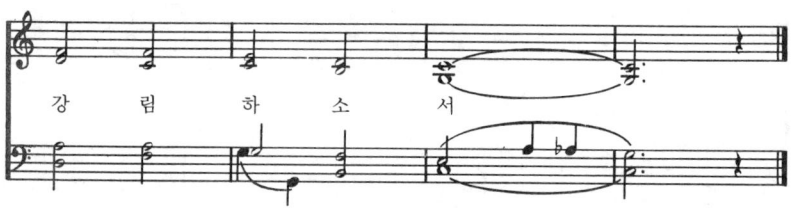

# 불광출판부에서 펴낸 불서(佛書)들

불광출판부에서는 불교신행생활에 지침이 되는 불교경전을 평이한 오늘의 언어로써 쉽게 설명하여 발간하고, 선사(先師)들의 가르침을 통해 우리의 믿음이 자랄 수 있도록 적합한 내용을 선정하여 부처님의 말씀을 오늘의 생활인에게 직접 이어주며, 우리의 생명에 불멸의 불꽃을 지펴줄 책들을 출판하고 있습니다.

## 불광 불학총서

### 삼국시대 불교신앙연구 ——— 1
민족불교의 역사에 있어서 새벽녘에 해당하는 삼국시대 불교, 한국불교의 연원과 맥을 짚어온 김영태 교수는 옛 불교신앙에 관한 몇 편의 연구논문을 작성, 그 논문들을 다시 다듬고 손질하여 한 권의 책으로 펴냈다. 뒷부분에 삼국시대 불교관계의 논문 몇 편을 별편으로 붙여 당시 불교신앙의 이해를 돕도록 하였다.
김영태 지음·

### 유식학 연구 ——— 2
한국불교계의 사표로서 유식학을 전공, 학문적 기반을 다지면서 아울러 많은 후학을 양성한 운문사 승가대학장 명성 스님의 깊이있는 유식학 연구 논문집. 유식사상의 기원, 세친의 유식실, 삼능변시의 약설, 초능변식, 제이능변식, 제삼능변식 등 유식삼십송중 제1송부터 제16송에 이르기까지 삼능변의 식상(識相)을 해설해 마쳤다.
명성 지음·근간

### 불교철학의 한국적 전개 ——— 6
서경수 교수의 생존시 논문들을 모았다. 인도불교의 중요성을 재고하고, 용수의 即·中논리확립 및 근대한국 불교연구의 개척 등 학문적 업적을 남긴 서경수 교수의 최초 논문집이다.
서경수 지음·

### 아함의 중도체계 ——— 7
근본불교의 가르침인 아함의 사상체계를 철학적으로 해석하여 입증하고 아울러 불교의 본질을 현대적인 의미로 밝혀 내고 있다. 필자는 중도사상의 철학적인 체계를 연구하여 불교가 현대 속에서 현대 철학의 제문제를 해결하는 가장 현실적이고 능동적인 사상임을 천명하고 있다.
이중표 지음·

### 민족정토론 ——— 8·9·10
1 민족운동
2 경제운동/근간
3 교육운동/근간

이 책은 오늘날 분단과 문화적 종족이라는 민족모순의 본질을 규명하면서 불교의 안목으로 민족자주화, 통일운동을 구체화시켜 가는 실천목표를 명료히 제시하며 특히 역사부정, 민족부정의 의식구조를 광범위하게 논의하면서 우리 시대 민족문제를 근원적으로 해결할 수 있는 실천운동의 원리와 과제를 규명하였다.
김재영 지음·

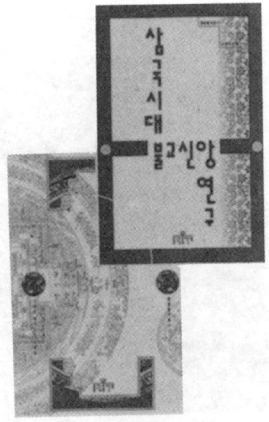

## 불광 선문총서

### 六祖壇經 ——— 1

육조단경은 동토산맥의 주봉이라 할 혜능선사의 어록으로 선사의 생애와 중심사상을 담고 있다. 혜능 선사가 이 단경에서 보인 '자성즉진불(自性卽眞佛)' '국토장엄과 생명의 실현' 등 긍정과 동(動)의 진리는 현대인의 인간상실, 역사의 방향부재상황과 이성의 혼미속을 허덕이는 현대를 광명·희망의 평원으로 이끌 힘이 될 것이다.

육조혜능대사어록·광덕 역주·

### 禪關策進 ——— 2

선은 인간진리를 밝혀 인간 회복을 완성시키는 최상의 지혜이며 힘이라 할 수 있다. 선의 원리, 방법, 그리고 옛 조사 60여분의 발심, 수도, 오도 기연과 설법을 수록하여 도움을 주고 있다.

운서주굉 지음·광덕 역주·

### 禪宗永嘉集 ——— 3

이 책은 육조 혜능대사의 법제자인 영가현각 선사가 후인들을 위하여 찬술한 법문으로서 불교의 핵심이 되는 계정혜 삼학을 바탕으로 하여 깨달아가는 수행방법을 십단의 문장으로 나누어 상세하게 분석 설명한 글이다. 영가 스님은 머리말에서 '궁구함은 현실에 있으니 현실이 곧 진리임을 알아야 한다'고 말하면서 열 가지 문을 열어 마음 찾는 방법을 펼쳐주고 있다.

영가현각 지음·혜업 역·

### 金剛經五家解 ——— 4

불교의 가장 깊고 오묘한 진리를 담고 있는 전통 종단의 소의경전인 금강경의 실상을 밝혀 놓은 「금강경오가해」야말로 한국불교의 근본이라 할 수 있다. 이 책을 무비 스님께서 스님들 뿐만 아니라 일반 불자들의 혜안을 열어 주기 위해 번역, 초심자도 쉽게 금강경의 참뜻을 엿볼 수 있을 것이다.

무비 역주·

### 禪門鍛鍊說 ——— 5

선문단련설은 손자병법의 체제를 본따 견서인고(堅誓忍苦), 변기수화(辨器授話) 등 13편으로 나누어 선중(禪衆)을 단련하는 방법을 밝힌 정심저작(精心著作)으로서 선림(禪林)의 이론적인 강령을 정리하면서 동시에 신랄하게 당시의 유폐를 지적하였다. 한편 이 책에는 서축야납 지철(智徹) 스님의 선종결의집(禪宗決疑集)을 함께 수록하고 있다. 선종결의집은 화두를 참구하는 학인들의 집착과 의심을 명쾌하게 풀어주고 근본을 가리켜 진리에 돌아가는 방법을 옛 선지식들의 일화를 통해 간단명료하게 제시하고 있다.

회산회상 지음·연관 역·근간

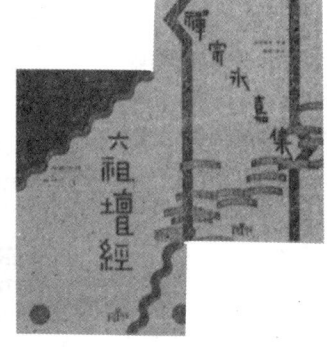

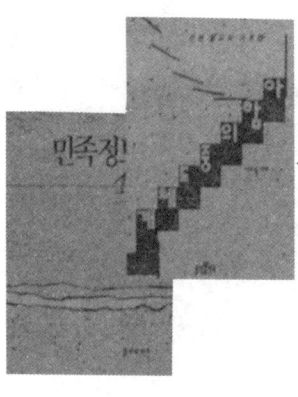

### 佛光古典

**竹窓隨筆 ── 1**

중국 항주 운서산에 일대 총림을 창설하여 크게 종풍을 떨치며 계율의 부흥과 정토 법문의 제창, 방생을 권장하는 등 선과 염불과 계율에 두루 관심을 갖고 활약한 운서 주굉 스님의 수필집.
운서주굉 지음·연관 옮김·

**萬善同歸集 ── 2**

북송초 선종 중흥시대의 대표적 종장인 영명지각 선사가 실다운 수행의 새로운 활로를 열기 위해 저술한 법문집. 선(禪)·교(敎)·정업(淨業) 등을 두루 망라하여 실천수행방법을 제시해 놓고 있으며 만행(萬行)이 오직 일심(一心)을 증득하기 위한 것임을 보인 이 책은 오늘날의 교단상황을 볼 때 더욱 질박하게 다가온다.
영명지각 선사 술·일장 역·

### 전단향

**현대인의 정신건강 ── 1**

여기에 실린 57편의 글들은 정신과 전문의인 이동식 박사가 환자들을 상담 치료하는 과정에서 정신건강이 무엇이고 정신병의 원인이 무엇이며 정신병의 예방과 치료는 어떻게 해야하는지를 적고 있어 현대를 살아가는 이들의 정신건강에 많은 도움을 주고 있다.
이동식 지음·

**현대인과 스트레스 ── 2**

일찍이 정신치료와 도(道)와의 접목을 통해 정신의학계에 커다란 족적을 남긴 이동식 박사의 역작이다. 그 어느 때보다도 스트레스를 많이 받고 있으며 그로 인해 생명의 위협까지 느끼는 현대인들의 정신건강을 위한 지침서이다.
이동식 지음·

### 月窓佛心

**두메산골 앉은뱅이의 기원 ── 1**

일생동안 학문의 길을 걷다가 불교에서 진정한 삶의 의미를 발견, 대자연에 귀의하여 구도의 길을 걷고 있는 이남덕 교수의 칼럼집. 월간 「불광」에 4년 동안 연재한 글을 모은 이 책은 노보살님의 자비와 지혜가 단연 돋보인다. 일상생활속에서 깨달음의 빛을 찾아내고 이 시대의 아픔을 부처님의 가르침으로 다독여 혼탁해진 마음을 맑혀주고 있다.
이남덕 지음·

**바람이 움직이는가 깃발이 움직이는가 ── 2**

동국대 철학과 교수로서 후학을 양성하는 한편 신행법회의 회장으로 불제자의 길을 믿음직스럽게 걸어가고 있는 송석구 교수가 그동안 각 지상에 발표했던 글을 모았나. 진정한 행복은 무엇인가, 어떻게 살아야 할 것인가, 21세기를 향한 불교의 역할, 동서철학의 한계 등 개인과 사회, 종교, 철학 등을 총망라하여 제시, 삶의 질적인 변화를 추구하고 있다.
송석구 지음·

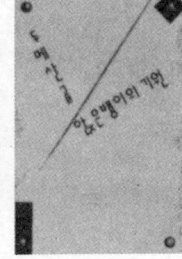

## 소설 구도열전

### 육조 혜능대사 ─── 1
시골의 나무꾼으로 태어나 깨달음을 얻고 파란만장한 격동의 세월 속에서 더없는 선(禪)의 세계를 펼쳐온 육조 혜능대사와 그 제자들의 드라마틱한 일대기. 육조단경을 바탕으로 육조 혜능대사의 생애와 사상을 오늘의 언어로 소설화해 놓은 이 책을 통해 선(禪)의 진수를 만날 수 있을 것이다.
김충호 지음·

### 진묵대사 ─── 2
소석가(小釋迦)로 칭송받은 진묵대사의 신이(神異)하고도 절절한 구도 전법의 이야기가 구수한 흥미로움을 불러 일으킨다. 남호율사, 백파선사의 생애를 같이 묶은 이 책은 불교가 우리 민족사상사에 끼친 영향을 올바르게 조명할 것이다.
백운 지음·

### 새벽하늘에 향 하나를 피우고 ─── 3
남지심 연작소설. 이 책은 작가의 자화상이라고도 할 수 있는데 끊임없는 구도정신을 추구하며 살아가는 중년의 평범한 주부를 중심으로 일어나는 생활속의 이야기를 그리고 있다. 여성들의 참된 삶에 대한 나지막한 목소리는 이 사회에 큰 반향을 일으킬 만하다.
남지심 지음·

## 사진설법

### 수미단 ─── 1
불교장엄목공예의 정수인 수미단의 아름다움을 한국에서 최초로 영상화한 관조 스님 사진집. 온 우주의 중심인 수미산에 등장하는 연꽃, 모란, 코끼리 등의 갖가지 동식물과 용, 가릉빈가, 아미타어 등 상상의 동물이 부처님을 찬탄 공양하는 환희와 법열의 세계를 담고 있는 수미단. 부처님을 모시는 장방형의 수미단은 수미산을 상징하는 도상들과 문양이 새겨져 있는 장엄물로서 불교의 정신세계를 총체적으로 보여 주고 있다.
관조 스님 사진집·

### 꽃을 드니 미소짓다 ─── 2
진리로 피어나는 연꽃의 아름다움을 한눈에 볼 수 있게 편집한 동욱 스님 연꽃 사진집. 동욱 스님이 지난 십수년 동안 심혈을 기울여 영상화한 이 사진집은 청정신심이 되살려지는 감동의 영상이 펼쳐지고 있다. 한 장 한 장 넘기면서 천차만별의 연꽃들이 온통 우주를 덮으면서 하나의 영원한 부처님의 미소로 나투는 무언의 설법속으로 새록새록 젖어들 것이다.
동욱 스님 사진집·

### 환생 ─── 3
**티베트 불교의 역사와 문화**
신비의 나라 티베트. 관음보살의 화신이라 추앙받는 승왕 달라이라마를 중심으로 전 국민이 불교를 숭상하며 인류의 평화와 순수한 불교전통을 상징하는 곳. 그곳에서는 아직도 믿지못할 일들이 벌어지고 있다. 이 사진집은 달라이라마의 왕자였던 링 린포체의 스물두번째 환생의 기록이며 윤회의 실증이다. 티베트 망명정부로부터 직접 제공받은 사진자료와 자세한 설명은 인과응보의 윤회사상을 이해하는데 큰 도움이 되고 있다.
한·티 교류협회 엮음·

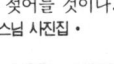

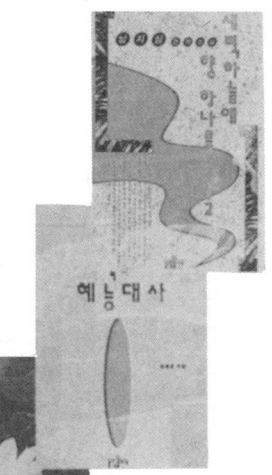

## 경전

### 금강반야바라밀경
이 경전은 의심과 집착을 파하고 세 가지가 공한 도리를 드러낸 법문으로 부처님께서는 이 경전 말씀을 통해 머문 바 없고, 상이 없고, 집착할 것이 없는 법성본분을 명랑하게 드러내 보이신다. 그러하기에 금강경법문이 일체제불과 일체제불의 법이 나온 곳이라고 하는 것이다.
광덕 역 •

### 지장경
지장보살은 죄고에 빠진 중생들에게 특별히 서원이 지중하시다. 삼악도를 멸하고 지옥을 말리며 고통받는 유정을 건지신다. 지장보살은 석가모니 부처님께서 멸도에 드신 뒤 미륵불께서 출세하시는 그 사이에 천상과 인간의 모든 유정들을 구하고 고통에서 벗어나게 할 것을 부처님께 부촉받은 것이다. 이 경은 지장십륜경 시품과 지장본원경을 수록하였다.
광덕 역 • 비닐양장 •

### 천수관음경
우리나라 불자수행의 첫걸음은 천수경으로부터 시작된다. 이 경을 대하는 사람은 분명히 수승한 인연을 성취한 분이라 할 수 있으며, 일체 장애가 미치지 못하고 일체 중생을 구호할 대비위신력을 갖추게 될 것이다. 그것은 이 다라니가 평등심이며 무위심이며 무염착심이며 무상보리심이기 때문이다.
광덕 역 •

### 부모은중경 · 관음경
오늘날 우리에게 무엇보다도 절실한 것은 인간면목의 자각과 인간다운 덕성의 함양이라 하겠다. 이 경은 효가 인간적 행위의 표징이며 만 가지 선행의 근본이고, 한 민족이 건전하게 발전하는 요추라는 사실을 말해주는 경으로 「대부모은중경」과 「불설우란분경」「심지관경 보은품 부모은중장」「묘법연화경 관세음보살보문품」을 수록한 불교 효경이다.
광덕 역 •

### 지송보현행원품
보현보살께서 말씀하신 10종행원은 부처님의 무량공덕을 우리의 현실 위에 발휘하는 최상의 지혜행이다. 행원을 실천하는 데서 우리와 우리의 가정과 사회에 생명의 참가치가 구현되고 불국토의 공덕장엄이 이루어지는 것이다. 이 책은 보현행자의 일과 수행정진을 위해 활자를 크게 해서 독송하기 좋게 편집한 것이다.
광덕 역 •

### 법회요전
현대 보살불교를 지향하는 불자들의 기본 수행요전. 예부터 관행하여 온 일부 의식문과 불자로서 수지독송할 기본 경전, 축원문, 참회문과 성가들이 실려있어 불교신행에 커다란 지침이 되고 있다.
광덕 편역 •

### 불자수행일과요전
일과정진시간은 나의 신실생명이신 부처님과 대화하는 시간이고 나 자신의 생명에 부처님의 위신력을 연결시키는 시간이다. 일과정진 순서와 이에 필요한 경전과 축원문과 성가를 싣고 있는 이 책은 불자들의 일과정진을 위한 좋은 길잡이가 될 것이다.
광덕 편역 •

### 불광연화의식문
이 책은 불교상례의식으로 불교 신도라면 누구든지 상례의식을 진행할 수 있도록 제1편에 상례작법, 제2편 독경 염불, 제3편 성가의 내용을 알기 쉽게 엮었다.
광덕 편역 •

## 광덕스님 설법집

### 메아리 없는 골짜기 —— 1
이 책은 불자는 무한의 지혜, 자비, 위덕을 갖춘 권능자임을 밝혀 우리에게 환희와 용기를 주고 나아가 이 사회의 끝없는 번영과 진리국토의 개현을 제시하고 있는 광덕스님의 법문집이다. 법회에 동참하지 않고도 부처님께서 우리에게 주신 무한의 위신력을 나투어 일체를 성취하는 참불자로 성장할 것을 당부하는 광덕 스님의 곡진한 법문을 들을 수 있을 것이다.

### 만법과 짝하지 않는 자 —— 2
불광법회를 통해 '내 생명 부처님 무량공덕 생명'임을 간곡하게 역설해오신 광덕 스님의 설법 제2집. 광덕 스님은 이 책에서 우리 모두는 지극히 고귀한 부처님 생명이며 무한한 창조자이고 지혜와 자비를 갖춘 권능자임을 거듭 강조한다. 이 책을 통해 자신을 밝히고 겨레를 밝히고 역사를 거룩하게 빛낼 창조적인 불자로 다시 태어나게 될 것이다.

김재영
●
1938년 경남 마산에서 출생
서울대학교 사범대학 역사과와 동국대 대학원
불교학과를 졸업했다.
현재 청보리회 상주법사를 맡고 있으며,
저서에「은혜속의 주인일세」「365일 부처님과 함께」
「우리도 부처님같이」「민족정토론 Ⅰ」
「내 아픔이 꽃이 되어」「이 기쁜 만남」
「나는 빛이요, 불멸이라」등이 있다.

## 이 기쁜 만남

1993년 4월 10일 초판 발행
1999년 11월 5일 초판 3쇄

지은이/김재영
펴낸이/봉화영
펴낸곳/불광출판부

138·190 서울 송파구 석촌동 160-1
대표전화 420·3200
편 집 부 420·3300
팩시밀리 420·3400
등록번호 제 1-183호(1979. 10. 10)


● 잘못된 책은 바꾸어 드립니다.
값 6,000원